축구 포지션별
전문 트레이닝

축구 포지션별
전문 트레이닝

초판 1쇄 펴낸날 2024년 7월 8일
초판 2쇄 찍은날 2024년 10월 15일

지은이 이용수

펴낸이 최윤정
펴낸곳 도서출판 나무와숲 | 등록 2001-000095
주　　소 서울특별시 송파구 올림픽로 336　910호(방이동, 대우유토피아빌딩)
전　　화 02-3474-1114 | 팩스 02-3474-1113
e-mail namuwasup@namuwasup.com

ⓒ 이용수 2024

ISBN　979-11-93950-05-0　03690

* 이 책의 무단 전재 및 복제를 금지하며, 글이나 이미지의 전부 또는 일부를
  이용하려면 반드시 저작권자와 도서출판 나무와숲의 서면 허락을 받아야 합니다.
* 값은 뒤표지에 있습니다.
* 잘못 만들어진 책은 구입하신 서점에서 바꿔 드립니다.

축구 포지션별
전문 트레이닝

이용수 지음

"모든 골프 선수는 드라이브 코치, 어프로치 코치,
퍼팅 코치 등을 가지고 있다.
축구의 경우, 15명의 선수를 코치 한 명이 지도한다."

– 요한 크루이프 –

들어가는 글

축구는 열한 명의 선수가 함께 뛰는 팀 스포츠이다. 흔히 축구 전술에 대해 이야기할 때면 체스와 비교하면서 '움직이는 체스 게임moving chess game'이라고 표현하기도 한다. 체스에서 각 체스 말의 역할이 정해져 있듯이, 축구에서도 골키퍼, 중앙 수비수, 미드필더, 최전방 공격수 등 각 포지션별 역할이 정해져 있다는 공통점이 있기 때문일 것이다. 다만 체스 말은 정해진 길로만 움직일 수 있는 데 비해, 축구 경기에서는 선수들이 자유롭게 움직일 수 있다. 움직일 수 있는 길이 정해져 있는 체스판과 달리, 축구 경기장에서는 선수들이 자신의 위치에서 이동하여 특정 공간에서 상대 선수나 지역을 밀집하여 압박할 수도 있다. 이는 감독의 전술적 필요에 따라 얼마든지 선수의 위치나 역할의 변화가 만들어질 수 있다는 것을 의미한다.

축구 전술의 목표는 두 가지이다. 첫째는 우리 팀의 장점을 극대화하는 것이다. 경기장에서 뛰는 열한 명의 선수들뿐 아니라, 교체 선수를 포함하여 그 팀이 보유한 선수들의 경기력을 극대화해야 한다. 둘째는 우리 팀의 단점을 최소화하는 것이다. 즉, 상대팀을 분석하여 그 팀을 상대로 우리 팀의 장점을 최대화하고, 상대의 장점이 발휘되지 못하게 함과 동시에 우리의 단점은 최소화하여 경기력을 높이고 궁극적으로는 승리하는 것이 축구 전술의 목표이다. 그리고 이러한 축구 전술 목표를 달성하기 위한 첫걸음은 팀을 구성하는 개별 선수들의 장단점을 정확하게 파악하는 것이다. 선수 개개인의 특징과 장점을 정확하게 분석하고 이를 종합하여 팀으로 발휘될 수 있도록 하고, 선수 개인의 단점은 주위 동료 선수들의 지원으로 보완한다면 승리에 더 가까워질 수 있다.

축구 경기에서 선수들에게 부여되는 포지션은 지도자에 따라 다양하게 활용될 수 있다. 열한 명의 선수만 경기장에서 뛸 수 있지만, 여러 포지션 명칭은 선수 개개인의 특성과 팀 내 역할 등을 고려하여 다양하게 사용된다. 예를 들어 중앙 미드필더의 경우, 수비형 미드필더 또는 공격형 미드필더로 구분하여, 명칭에 해당 선수가 경기장에서 미드필더로서 담당하는 역할이 구체적으로 나타난다. 이렇듯 다양한 포지션이 존재한다는 것은 전술의 관점에서 선수에게 부여되는 포지션에 따른 역할이 있고, 경기 승리를 위해서는 각 선수들이 자신의 포지션에서 전술적 특성에 부합하는 역할을 수행해야 한다는 것을 의미한다.

각 포지션은 포지션에 따라 요구되는 체력 수준 및 기술적·전술적 능력에 따라 차이가 존재한다. 중앙 공격수(스트라이커)는 상대방 골문 가까운 곳에 위치하여 득점 기회를 만들어내는 역할을 담당한다. 이 경우, 상대팀 수비수가 집중적으로 방어를 할 것이므로, 그 상황에서 빠르게 벗어나 슈팅으로 연결할 수 있는 강한 체력과 유연성,

과감한 결단력 등이 요구된다. 일반적으로 큰 키가 장점이지만, 빠른 스피드 또는 드리블 실력, 돌파력 등이 뛰어난 체력과 기술을 갖추고 있다면 키가 작더라도 문제되지 않는다. 중앙 공격수가 갖추어야 할 주요 기술적 요인으로는 골 결정력, 동료 선수들이 공격에 가담할 때까지 볼을 소유할 수 있는 볼 키핑 능력, 모든 각도와 거리에서 정확하게 슈팅으로 연결할 수 있는 슈팅력, 그리고 좁은 공간에서 팀 동료와의 콤비네이션 플레이 등이 요구된다.

창의적인 풀백은 수비수이면서도 공격적 전술 변화의 실행을 위해 매우 중요하다. 현대 축구에서 풀백은 마치 후방에서 플레이하는 미드필더 또는 윙어와 같다. 그들은 볼을 소유하고 있을 때 공격의 시작점으로 간주된다. 풀백이 갖추어야 할 주요 기술적 요인으로는 1대1 상황에서의 견고한 수비력, 빠른 드리블과 상대 돌파 능력, 공격 지역에서의 정확한 패스와 크로스 능력 등이 있다.

지금까지 스트라이커와 풀백 포지션에게 필요한 주요 능력을 열거했는데, 많은 지도자들은 기술 훈련과 경기장에서 볼 수 있는 선수의 기술 및 전술적 능력을 평가하여 개별 선수에게 적합한 포지션을 찾으려 노력한다. 이때 선수 개인의 포지션 선호도와 심리적 역량도 고려하여 팀 동료들과 유기적인 연계를 통해 선수의 경기력이 최고로 발휘될 수 있는 포지션을 정한다.

현장에서 지도자들은 팀 훈련과 포지션별 전문화된 개인 훈련 간 균형 잡힌 시간을 배정하는 데 어려움을 겪는데, 보편적으로 팀 훈련이 끝난 후에 각 선수 개개인의 포지션별 필요한 기술 훈련을 하도록 하고, 역량이 향상되는 정도에 따라 선수에게 지도자들이 긍정적인 피드백을 하는 것이 효과적인 접근이라고 권장되고 있다. 또한 유럽과 세계 무대에서 활약하는 선수로 성장하기 위해서는 하나의 포지션에서만 플레이하고, 그에 필요한 역량만 습득하려 하기보다는 주요 포지션 2~3개를 소화할 수 있도록 훈련해야 한다.

이 책은 중앙 수비수부터 측면 수비수, 수비형 미드필더, 공격형 미드필더, 측면 공격수 그리고 스트라이커에 이르기까지 각 포지션별로 요구되는 기술적·체력적 요인을 정리하고, 포지션별로 주요 운동 능력 지표를 제공하여, 선수가 자신의 포지션에서 수행할 역할과 그를 위해 습득해야 할 주요 역량 등을 이해하는 데 도움을 주고자 했다. 책을 낸다는 것에 망설임이 앞서 오랜 시간 주저하였으나, 현장의 지도자들과 미래 선수들에게 작은 도움이라도 된다면 축구에 빚진 마음을 조금이나마 내려놓을 수 있으리라 생각한다.

나무와숲 최헌걸 대표님, 이경옥 주간님 그리고 윤영길 교수님께 감사의 마음을 전한다.

2024년 6월
이용수

차 례

들어가는 글   6

Ⅰ. 포지션별 전문 트레이닝이란?

1. 포지션별 전문 트레이닝의 필요성   20

2. 포지션별 전문 트레이닝의 적용   27
    1) 포지션별 요구 수준의 평가   28
    2) 선수 프로필 만들기   29
       (1) 의식   30
       (2) 실행 계획   30
       (3) 책임감   33
    3) 포지션별 전문 훈련   35

3. 포지션별 주요 운동 능력 지표   38

4. 경기 및 연습경기 중 포지션별 활동 형태   44
    1) 경기 중 포지션별 이동거리 및 활동 형태 차이   46
    2) 연습경기 시 포지션별 이동거리 및 활동 형태 차이   49
       (1) 측정 방법   50
       (2) 연구 결과   51
       (3) 현장 적용   56

II. 포지션별 필수 요인과 전문 트레이닝 프로그램

1. 중앙 수비수   66

  1) 중앙 수비수가 갖춰야 할 주요 요인   68
    (1) 기술적 요인   68
    (2) 체력적 요인   69
    (3) 전술적 요인   69
    (4) 정신적 요인   70

  2) 트레이닝 프로그램   75
    (1) 클리어링 훈련   75
    (2) 인터셉트 훈련   77
    (3) 볼 소유 & 전방 패스 훈련   78
    (4) 압박 & 커버 훈련   83
    (5) 1대1 수비 훈련   85
    (6) 1대1 임기응변 훈련   86
    (7) 수적 열세의 수비 훈련   89
    (8) 2+1 vs 2 수비 훈련   92

2. 측면 수비수   94

  1) 풀백 포지션의 전술적 변화   95
  2) 풀백이 갖춰야 할 주요 요인   97
    (1) 기술적 요인   97
    (2) 체력적 요인   98
    (3) 전술적 요인   98
    (4) 정신적 요인   98

3) 트레이닝 프로그램   104
   - (1) 풀백의 패스 & 고(pass & go) 훈련   104
   - (2) 풀백의 퍼스트 터치 & 패스 훈련   106
   - (3) 풀백의 1대1 상황 훈련   108
   - (4) 풀백의 오버래핑 & 크로스 훈련   110
   - (5) 풀백의 수비 활동과 공격 전환 훈련   112
   - (6) 풀백의 스프린트 & 1대1 훈련   114

3. 수비형 미드필더   116

   1) 수비형 미드필더의 유형   117
   - (1) 파괴자(마케렐레 역할)   117
   - (2) 플레이메이커(피를로 역할)   118
   - (3) 만능형(야야 투레 역할)   118

   2) 수비형 미드필더가 갖춰야 할 주요 요인   119
   - (1) 기술적 요인   119
   - (2) 체력적 요인   120
   - (3) 전술적 요인   120
   - (4) 정신적 요인   121

   3) 트레이닝 프로그램   126
   - (1) 원터치 & 패스 훈련 1   126
   - (2) 원터치 & 패스 훈련 2   129
   - (3) 컨트롤 & 패스 훈련   132
   - (4) 패스 & 이동 훈련   136
   - (5) 패스 & 고 훈련   139
   - (6) 롱 패스 훈련   142
   - (7) 공간 활용 & 1대1 훈련   144

4. 공격형 미드필더　　　　　　　　　　　　147

1) 창조적 포지션의 지도 방법　　　　　　148

2) 공격형 미드필더가 갖춰야 할 주요 요인　　149
　(1) 기술적 요인　　　　　　　　　　　　150
　(2) 체력적 요인　　　　　　　　　　　　150
　(3) 전술적 요인　　　　　　　　　　　　150
　(4) 정신적 요인　　　　　　　　　　　　151

3) 트레이닝 프로그램　　　　　　　　　156
　(1) 방향 전환 컨트롤 & 패스 훈련　　　　156
　(2) 드리블 & 패스 훈련　　　　　　　　158
　(3) 패스 & 러닝 훈련　　　　　　　　　160
　(4) 패스 & 위치 이동 훈련　　　　　　　162
　(5) 3대2 패스 훈련　　　　　　　　　　163
　(6) 3대3 + 타깃 플레이어 활용 훈련　　　165
　(7) 콤비네이션 패스 & 슈팅 훈련　　　　168

5. 측면 공격수　　　　　　　　　　　　172

1) 측면 공격수 역할의 변화　　　　　　174

2) 측면 공격수가 갖춰야 할 주요 요인　　175
　(1) 기술적 요인　　　　　　　　　　　　175
　(2) 체력적 요인　　　　　　　　　　　　176
　(3) 전술적 요인　　　　　　　　　　　　176
　(4) 정신적 요인　　　　　　　　　　　　177

3) 트레이닝 프로그램   182
  (1) 중앙 공격수와의 연계 플레이 훈련   182
  (2) 크로스 & 슈팅 훈련   188
  (3) 스피드 드리블 & 슈팅 훈련   192
  (4) 드리블 & 크로스 훈련   193
  (5) 크로스 & 슈팅 훈련   196
  (6) 3대2 역습 훈련   199
  (7) 4대4 스몰 사이드 게임   201

6. 중앙 공격수   204

1) 중앙 공격수의 전술적 변화   205
2) 중앙 공격수가 갖춰야 할 주요 요인   207
  (1) 기술적 요인   207
  (2) 체력적 요인   208
  (3) 전술적 요인   208
  (4) 정신적 요인   209

3) 트레이닝 프로그램   215
  (1) 집중 슈팅 훈련   215
  (2) 드리블 & 퍼스트 터치 슈팅 훈련   217
  (3) 1대1 드리블 돌파 & 슈팅 훈련   221
  (4) 스프린트 & 슈팅 훈련   223
  (5) 3회 연속 슈팅 훈련   226
  (6) 스피드 + 슈팅 훈련   229
  (7) 2인 1조 슈팅 훈련   232

참고문헌   238

축구 포지션별 전문 트레이닝

I 포지션별 전문 트레이닝이란?

장기는 판 위에서 양편이 16개의 크고 작은 장기짝으로 경기하는 것으로, 체스와 유사하다. 또한 장기짝 하나마다 각자의 역할이 있고, 장기짝 하나가 자신의 역할에 따라 움직이는 것이 축구선수가 포지션에 따라 자신의 역할을 수행하는 것과 비슷하다. 축구의 경우 중심축에 해당하는 골키퍼, 센터백, 미드필더, 최전방 공격수는 포지션에 따라 각자 수행하는 역할이 다르다. 정해진 길로만 가야 하는 장기나 체스와 달리, 자유롭게 움직일 수 있다는 뜻에서 축구 경기를 '움직이는 체스 게임moving chess game'이라고 표현하기도 한다(김용진 외, 2016). 그런데 장기는 상대편 부하들이 살아 있어도 왕을 잡으면 경기가 끝나고, 반대로 부하들이 판에서 제거되어도 최후까지 왕이 살아 있으면 승리한다. 결국 왕을 안전하게 지키는 것이 최우선이라는 말이다. 축구에서도 득점하는 것보다 실점하지 않는 것이 중요하다. 이것이 축구 경기에서 수비가 강한 팀이 승리하지는 못하지만 비길 수 있는 확률이 높은 이유이다.

바둑은 어떤 바둑알이든 하는 일이 똑같고, 직책도 평등하다. 바둑판에서는 바둑알이 놓이는 곳이 곧 싸움터이다. 이처럼 바둑은 수평적 조직으로 상대와 부딪치는 곳에서 서로 손에 손을 잡고 생존띠를 만들어야 한다. 수비팀이 공격팀으로부터 볼을 뺏기 위해 조직적·체계적으로 볼 주변에 수적 우위를 확보하려는 토털 축구와 비슷하다고 할 수 있다.

축구에서 전술 목표는 크게 두 가지이다. 첫째는 자기 팀의 장점을 극대화하는 것이다. 경기장에서 뛰는 열한 명의 선수들뿐만 아니라 교체 선수를 포함해서 그 팀이 갖고 있는 선수들의 경기력을 극대화해야 한다. 둘째는 자기 팀의 단점을 최소화하는 것이다. 결국 상대팀에 대한 분석을 통해 자기 팀의 장점을 최대화하고 상대팀의 장점이 발휘되지 못하게 함과 동시에 자기 팀의 단점은 최소화해 전력을 상승시키는 것이 축구 전술의 목표이다.

이러한 축구 전술의 목표를 달성하기 위한 출발점은 팀 구성원 개개인의 장단점을 정확히 파악하는 것이다. 정확하게 분석한 선수 개개인의 특징과 장점을 모아 팀으로 발휘하게 하고, 선수 개인의 단점은 주위 동료 선수들의 지원으로 보완될 수 있다면 승리 가능성이 높아질 것이다.

〈그림 1-1〉은 지도자가 축구 경기에서 선수들에게 부여할 수 있는 다양한 포지션을 모두 나타낸 것이다. 열한 명만 경기장에서 뛸 수 있지만, 여러 포지션의 명칭은 선수 개개인의 특성과 팀의 조화를 잘 활용한다면 전술적으로 다양하고 효율적인 경기 운영이 가능하다는 것을 나타내는 표지이기도 하다.

이렇듯 다양한 포지션이 있다는 것은 전술적으로 그 포지션에 위치하는 선수에게 부여되는 역할이 있고, 승리하기 위해서는 선수가 각자의 포지션에서 역할을 잘 수행해야 한다는 것을 의미한다. 포지션별 전문 능력을 갖추는 트레이닝을 위해 포지션별 전문 트레이닝의 필요성과 적용 과정 등에 대해 살펴보기로 하자.

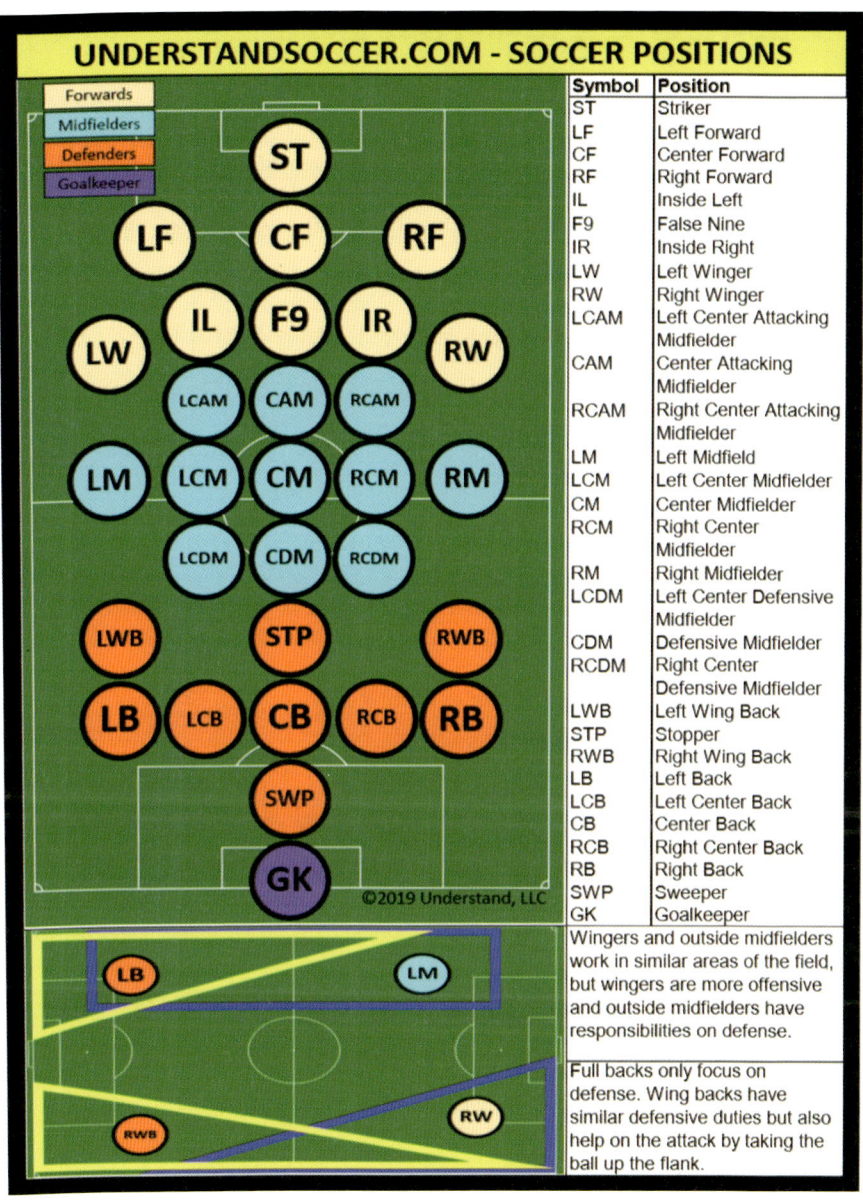

그림 1-1 축구 경기의 다양한 포지션(Joseph, 2019)

1. 포지션별 전문 트레이닝의 필요성

　효과적인 팀 트레이닝과 효율적이면서 지속적인 선수 개인의 기술 발현 능력을 연결하려면 포지션별 전문 트레이닝을 시도해야 한다. 포지션별 전문 트레이닝은 트레이닝 모델을 완전히 바꾸는 것이 아니라 트레이닝 모델의 좋은 점을 강화하는 것이다. 이를 위해 전술적·체력적·기술적 트레이닝 모델은 선수들의 포지션별·기능적 발전 목표에 따라 트레이닝 구조를 적절하게 변화시켜야 한다. 즉, 선수 개인별 전문화된 프로그램을 트레이닝에 접목시킴으로써 다른 방법으로는 할 수 없는 경기력 수준에 도달할 수 있게 도와주는 것이다.

　포지션별 전문 트레이닝의 장점은 다음과 같다(Cureen, 2015).

- **자신감 향상** : 경기 상황과 유사한 전문화된 트레이닝은 경기에 좀 더 잘 준비된 마음을 갖게 하고 중요한 전술 상황에 도전할 수 있는 기술이나 판단력 등 필요한 능력을 갖출 수 있게 한다.

- **포지션 역할과 책임감에 대한 올바른 이해** : 자신의 포지션에서 수행해야 할 역할을 확실히 이해함과 동시에 경기 중 동료 선수들과의 관계적 움직임에 대한 이해를 할 수 있게 한다.

- **선수와 지도자의 신뢰도 향상** : 포지션과 기술 수준에 따라 선수들이 자신에게 요구되는 역할을 이해하고 실행한다면, 지도자는 선수를 신뢰하고 전술적 수행을 요구할 수 있게 된다.

- **불필요한 질문의 감소** : 선수 개인과 팀에 동시에 초점을 맞추는 전문 포지션 트레이닝을 통해 지도자는 선수 개개인이 무엇을 할 수 있는지를 잘 파악할 수 있게 된다. 만일 선수들이 특별한 경기 상황에 대한 이해가 부족하다면 지도자는 시행착오를 거치지 않고 트레이닝 중에 빠르게 파악할 수 있다.

- **훈련을 통한 확장성** : 전문 트레이닝의 효과를 잘 이해할수록 선수들은 자신만이 적용할 수 있는 기술 훈련과 동료 선수들과 함께 운용할 수 있는 기술을 보다 효과적으로 훈련할 수 있는 다양한 방법을 익힐 수 있다. 지도자가 명확하게 선수들이 해야 할 일이나 역할을 설명하고 선수들이 이해할 때 효과가 높아지며, 이 과정은 훈련에 대한 깊은 이해를 돕는다.

세계 최고의 선수일지라도 기술 개발과 향상을 위해 지속적으로 노력해야 한다. 레알 마드리드의 부코치 폴 클레멘트Paul Clement의 경험은 시사하는 바가 크다.

폴은 가레스 베일Gareth Bale 선수에게 팀 훈련이 끝난 후 개인 훈련을 하도록 했다. 그는 팀 경기력 향상을 위해 특히 베일의 크로스 능력을 가다듬기를 원했다. 이때는 시즌 중반이었는데, 베일은 17경기에서 10골을 기록하고 있었다. 그러나 폴은 베일의 왼발 크로스가 보강된다면 수비진이 막지 못할 것이라고 생각해 베일과 이야기를 나누고 팀 훈련이 끝난 후에는 반드시 10분 동안 연습을 하기로 했다. 폴은 베일과 이야기를 나누며 연습하는 것을 강조했는데, 그냥 선수보고 10분간 크로스 연습을 하라고 하는 것은 의미가 없다고 본 것이다. 그 결과 베일의 크로스 기량이 점점 좋아졌다고 밝혔다.

"신은 디테일에 있다 God is in the detail"라는 말처럼, 최고 수준에서의 차이는 디테일, 즉 작은 부분에 있다. 레알 마드리드 팀은 가장 우수한 재능을 보유하고 있는 데다 경기를 지배하고 이기려는 의지가 충만한 선수들로 구성되어 있지만, 무엇보다도 최고 수준에서 작은 디테일을 완성해 내는 올바른 트레이닝을 하고 있다는 장점이 있다.

베일의 트레이닝 프로그램은 호나우두, 벤제마, 모드리치 선수의 트레이닝 방법과 다르다. 그 이유는 경기에서 요구되는 각 선수들의 활동이 다르기 때문이다.

"모든 골프 선수는 드라이브 코치, 어프로치 코치, 퍼팅 코치 등을 가지고 있다. 축구의 경우, 15명의 선수를 코치 한 명이 지도한다."

- 요한 크루이프

'아약스'라는 이름은 지난 40년 동안 우수 선수 육성이라는 단어와 동일시되어 왔다. 네덜란드 축구 클럽은 앞서가는 마인드와 과학적이고 기술적인 프로그램을 통해 유럽 최고의 선수들을 육성해 왔다. 매년 아약스 클럽은 어떤 팀, 포메이션, 리그에서도 잘 적응하고 경기력을 발휘할 수 있는 선수들을 배출해 왔다. 매년 똑같은 방법으로 선수를 지도하기보다는 각 선수에게 필요한 도움을 전문적으로 제공하여 발전시킬 수 있는 코치를 연결하는 데 중점을 둔 것으로 알려지고 있다.

아약스 클럽은 연령별 팀에 한 명의 코치를 임명하지만, 그 뒤에는 달리기 자세만 지도하는 코치에서 골키퍼 코치, 패싱·드리블링·슈팅 등을 지도하는 기술지도 코치, 그리고 수비진·공격진을 지도하는 코치 등 10명의 지도자들이 선수 개인의 능력을 최대화하기 위해 전문적인 지원을 아끼지 않는다. 이처럼 아약스 클럽은 특별히 전문적인 포지션 선수를 육성하기 위해 전문적 지도자 활용에 중점을 두고 있다.

축구 지도 방법에서 우리는 새로운 시대에 들어섰다. 한 시간 이상 혼자 벽에 공을 반복해서 차며 오른발·왼발 킥, 슈팅 기술을 익히며 자라났던 지도자들이 축구를 배우고 훈련했던 시절과, 지금 축구를 배우는 선수들의 생각과 상황은 매우 다르다. 예전의 방식대로 훈련을 고집한다면 선수들은 절대로 따르지 않을 것이다. 그런데 안타깝게도 대부분의 지도자는 자신이 했던 방식대로 가르치는 것이 가장 좋은 방법이라고 착각하는 경향이 있다. 포지션별 전문 트레이닝은 지도자 중심이 아니라 선수 중심의 트레이닝player-focused training이 되어야 한다.

신세대 선수들의 새로운 성향은 다음과 같이 요약할 수 있다.

- **지나친 자신감** : 지도자들의 훈련 방법이나 결정에 대해 의문을 가질 수 있으나, 그것이 반드시 무례함을 의미하지는 않는다.

- **최신 기술에 익숙** : 작은 글씨체, 음악, 비디오 매체에 익숙하고 다양한 SNS를 통해 정보를 빠르게 습득하고 나름대로 해석한다.

- **개인 중심의 사고** : 팀 전체를 같은 방법으로 동기 유발하는 시대는 지나가고 전체 팀으로서 같은 생각을 하게 만드는 것이 지도자의 도전이 되었다. 지도하는 모든 부분에서 선수 개인별 접근 방법을 차별화하는 것이 필요하다.

- **집중력** : 지루하게 반복하는 훈련으로는 선수들의 집중력을 유지할 수 없다. 단지 선수들의 집중력을 요구하는 것만으로는 부족하다. 지도자는 선수들의 초점과 집중을 유도할 수 있는 다양한 방법을 찾아야 한다.

- **빠른 결과의 기대** : 속전속결의 사회 분위기를 반영하듯, 열심히 노력도 하지만 그에 따른 결과도 빠르게 얻기를 기대한다.

모든 분야와 마찬가지로, 축구 분야에서도 이론과 현실은 차이가 있다. 포지션 전문 트레이닝은 코칭 스태프, 훈련 시설, 선수단 일정 등을 고려해 팀 트레이닝 전후에 실시한다.

효과적인 포지션 전문 트레이닝의 원리를 살펴보면 다음과 같다.

- **포지션별 요구를 명확히 파악한다** : 선수 수준에 따라 각 포지션별로 요구되는 주요 요인을 명확하게 파악해야 한다. 포메이션, 플레이 스타일과 시스템 등의 차이도 고려한다.

- **구체적으로 계획하고 실행한다** : 단순히 공격과 수비로 나누는 훈련 세션은 포지션 전문 트레이닝 방법이 아니다. 경기 중에 실행되어야 할 포지션별로 구체적인 동작이나 움직임을 훈련해야 한다.

- **선수들의 장단점을 이해한다** : 선수들은 저마다 다르다. 선수들의 장단점을 알고 그에 따른 포지션별 전문 트레이닝을 실시해야 한다.

- **경기 상황과 연관된 전문 동작이어야 한다** : 지도자는 경기 중에 포지션별로 해야 할 운동을 정확하게 찾아내 훈련하도록 해야 한다.

- **선수들에게 피드백을 제공한다** : 피드백이나 조언이 없으면 선수들의 기량 향상을 기대하기 어렵다. 피드백은 결과로 나타나는 동작의 측정 자료나 선수들과 소통할 수 있는 방법을 고려하여 제공한다.

- **지속적으로 실시한다** : 포지션 전문 트레이닝은 어쩌다 한 번 하는 트레이닝이 되어서는 안 되고, 정규 트레이닝과 연계해 지

속적으로 실시해야 한다. 훈련 결과가 나타나기 위해서는 지도자가 먼저 훈련 결과에 대한 확신을 가지고 꾸준히 지속적으로 실행해야 선수들도 따라온다.

　많은 지도자들이 선수 육성을 선수 스스로에게 맡기는 경향이 있다. 매일 하는 기술 훈련이 경기장에서 선수들이 최고의 기술을 발휘하게 만들기에 충분하다는 생각과 어쩌다 특정 선수의 포지션에서 요구되는 동작을 한두 번 해보고 포지션에 대해 이야기하는 것으로 그 선수가 포지션에서 우수한 선수로 성장할 수 있다고 생각하는 것은 지도자로서 바람직한 자세가 아니다.
　선수 육성과 재능 발달을 위해 보다 적극적이고 진취적이며 전략적인 접근이 필요하다. 어떠한 지도자도 경기 상황에서 포메이션이나 전술적 준비 없이 선수들이 경기에 임하는 것을 원치 않을 것이다. 그러나 너무나 많은 지도자들이 경기 당일에만 전술적인 지시를 통해 경기를 준비하는 경향을 보인다.
　선수들과 훈련하는 과정에 선수들이 경기에서 발휘해야 하는 전문적이고 구체적인 운동이나 동작이 포함되도록 만들어야 한다. 선수가 이해하지 못하면 그 동작을 결코 경기장에서 실행할 수 없다. 지도자가 선수 개인별 경기 중 수행 동작이나 운동을 정확하게 정리하여 제공할 수 있다면 선수의 경기력을 향상시킬 수 있다. 이러한 변화를 가져올 수 있는 훈련 문화가 형성된다면 선수들은 짧은 개인 훈련을 추가로 하는 것을 좋아하게 될 것이다. 출발은 지도자의 발상 전환에서 시작되어야 한다.

2. 포지션별 전문 트레이닝의 적용

지도자는 선수 대부분이 발전하고 성장하고 싶은 갈망이 있다는 것을 기억해야 한다. 축구선수라면 당연히 가지고 있어야 할 의지이고 바람이다. 우수한 선수들은 자신의 능력을 발전시키려는 목표를 갖고 있는 지도자를 신뢰할 것이다. 선수 개개인의 성장은 선수의 자신감을 향상시키는 동시에 팀의 수준도 발전시킨다. 포지션별 전문 트레이닝이 이러한 발전에 도움이 되려면 선수들은 단순한 지시에 의해 향상되지 않는다는 것을 이해해야 한다.

지도자는 선수들의 능력을 향상시키기 위한 과정을 선수들에게 설득시켜야 한다. 매일매일의 연습 과정에서 향상되는 모습이 보이지 않는다면 선수들은 결코 성장할 수 없다. 성공의 비밀은 늘 일상의 연습 과정에서 발견할 수 있다. 그러므로 트레이닝 프로그램은 일관성 있게 진행해야 하고, 지도자는 그 일관성을 따라야 한다.

성공적인 지도자는 재능만 갖고는 위대한 선수로 성장할 수 없다는 것을 잘 알고 있다. 기술이나 체격적 요인만으로는 세계 최고 선수가 될 수 없다. 정보와 이해력이 엘리트 선수의 기초가 되고, 현재 최고 수준의 선수들이란 경기 당일 상대팀보다 더 잘 준비되고 훈련되어 경기장에 도착하는 선수들이라는 것을 성공적인 지도자는 잘 알고 있다.

1) 포지션별 요구 수준의 평가

선수가 최고의 경기력을 발휘하기 위해서는 포지션에 대한 이해가 있어야 한다. 경기장 일정 지역에서 볼을 소유했을 때와 소유하지 않았을 때 상대 수비의 움직임을 예측하고 어떻게 해야 하는지를 알아야 한다. 또한 훈련장 밖에서 추가로 해야 할 운동과 포지션에 도움이 되는 특수한 기능적 운동들도 알아야 한다. 선수들은 포지션별로 전문적인 동작이나 운동을 왜 하는지, 그리고 어떻게 해야 하는지를 이해해야 한다. 이것이 바로 포지션 전문 트레이닝의 교육적 부분으로 매우 중요하다.

성장하고 싶어하는 선수들의 갈망과 함께 지도자들이 간과해서는 안 될 부분도 있다. 그것은 많은 선수들이 유럽 챔피언스 경기를 지켜보며 경기에 대한 이해와 우수 선수의 장점 등을 배우기도 하지만, 아이돌 가수의 음악을 듣거나 다른 관심사에 시간을 쓰기 원하는 선수들도 있다는 것이다. 그러므로 지도자는 선수들에게 디테일한 일상 질문도 하고, 선수들의 관심이 경기에 대한 열정으로 이어질 수 있도록 이끌어 주어야 한다.

그런데 최근 축구 현장에서, 특히 유소년 수준에서 연습이라는 단어의 의미가 저평가되고 있다. 지나칠 정도로 경기 결과를 중요시하는 현실로 인해 선수들이 과도한 코치를 받지만 가르침을 충분히 받지 못하고 있다. 또한 전술 시스템의 기초는 이해하고 있는 것 같으면서도, 중요한 경기 순간에 요구되는 자신의 정확한 역할에 대해서는 잘 모르는 것 같다. 특히 결과가 그들이 원하는 방향대로 가지 않는 경우, 너무 쉽게 좌절하고 자신감을 잃어버린다. 이처럼 승부에 지나치게 매몰된 나머지 유소년 선수들이 자신의 포지션에서 요구되는 기술적·체력적·정신적 요인 등을 제대로 이해하지 못하는 경우가 있다.

포지션별 요구는 경기 스타일, 수준, 팀 문화 등에 따라 달라질 수 있다. 측면 수비수의 경우, 때로 공격적인 역할을 부여받을 수도 있다. 포지션별 요구는 선수의 특징과 활용되는 시스템에 따라 맞춤형으로 정해진다.

무엇보다 중요한 것은 지도자가 선수 개개인과 효율적인 소통을 해야 한다는 것이다. 특히 포지션별 요구 수준에 대한 평가를 통해 얻을 수 있는 장점은 지도자가 선수들의 특성에 맞는 포지션을 정할 수 있다는 사실을 깨닫게 되는 것이다. 또한 포지션별 트레이닝 프로그램은 선수들이 혼자 훈련하는 것보다 성공적으로 발전할 수 있도록 선수 포지션과 개인별 필요에 따라 맞춤형으로 진행될 수 있다.

2) 선수 프로필 만들기

선수들이 팀의 장단점을 잘 모르거나 경기를 바라보는 관점이 코칭 스태프와 다르다면, 지도자는 빠른 시간 안에 선수들과 이야기를 나누어야 한다. 성공적인 지도자는 인내심을 갖고 효과적인 방법으로 선수들과 1대1로 소통을 잘하는 지도자이다.

선수 프로필 만들기에는 다음 세 단계가 포함된다.

(1) 의식

만일 가야 할 방향을 모르고 걸어간다면 선두에 서기란 우연에 의해서만 가능할 것이다. 다음 경기에서 최고의 경기력을 발휘하는 선수는 정보를 취하고 생각하는 과정을 통해 균형 잡힌 결정을 내릴 수 있는 '생각하는 선수thinking player'일 것이다.

좋은 엘리트 선수 육성 클럽으로 평가받는 팀 가운데 하나인 사우스햄튼의 경우, 승리를 위해 스피드와 기술보다는 다른 요인을 중시하는 팀 철학을 가지고 있다. 종합적 접근 방법으로 상대보다 효율적으로 빠르게 예측하고 반응하는, 지능적이고 임기응변 재주가 있는 선수들을 육성한다는 팀 철학을 갖고 있다.

일반적인 선수들은 주변 상황을 제대로 의식하지 못하고 자기연민이나 좌절, 핑계 등을 대며 자신의 목표에 도달하지 못하는 경향이 있다. 이 단계에서는 공감·긍정성·인내심 등이 지도자의 주요 요인이지만, 정직은 큰 차이를 만들어낼 수 있다. 훌륭한 지도자는 선수가 듣기 좋아하는 이야기보다는 선수가 들어야 할 이야기를 잘 하는 지도자이다. 지도자가 선수들에게 말하는 단어는 선수의 마음속에 남아 선수 스스로를 만들어 가고 그와 함께 경기도 만들어 갈 수 있다는 것을 기억해야 한다. 선수와의 상담이 긍정적이라면 선수와 지도자 모두 선수의 동기 유발을 위한 첫 단계를 마치게 되는 것이다.

(2) 실행 계획

일반적으로 선수들은 지도자가 포지션별 트레이닝에 관심을 갖고 이야기나 미팅을 하면 적극적인 태도를 보인다. 목표를 정하고 해야 할 운동이나 동작 등을 이야기하면 선수들도 자신이 원했던 것이라는 반응을 보이지만, 운동 강도가 높아지거나 추가로 선수 스스로 해야 하는 운동이 많아지면 3주가 채 안 돼 흐지부지되고 만다. 그 이유는 지도자가 해야 할 일을 정확히 파악하지 못하고 있는 데 있다. 소통이나 미팅이 계획에서 중요하기는 하지만, 지켜보는 사람이 없다면 아무 의미가 없다.

　선수들은 계획을 세우는 걸 그다지 좋아하지 않는다. 계획보다 열심히 훈련하는 것만이 자신들을 정상에 오르게 한다고 생각하는 경향이 있다. 또한 최고 수준에서 경기하고 승리하는 꿈같은 생각에 많은 시간을 보내지만, 구체적으로 어떻게 해야 할지를 깊이 생각하지 않는다.

　선수들을 구체적으로 생각하게 만드는 것이 지도자가 도전해야 할 영역이다. 위대한 선수들은 자신이 가야 할 방향을 분명히 알고 성실하게 한 가지 목표를 향해 매진하는 태도를 갖고 있다. 계획은 목표를 향해 가는 과정을 평가하는 데 도움을 준다. 계획 그 자체는 선수를 다음 수준으로 향상시키지는 못하지만 시작하게 만들 수는 있다. 효과적인 실행 계획에는 다음 요인들이 포함되어야 한다.

- 구체적 목표 설정 : 발전을 원한다면 구체적 목표를 세우는 것이 중요하다. 선수들이 발전하기 원하는 것을 구체적으로 문자화하여 표기한다. '보다 잘하자', '위대한 선수가 되자'와 같은 일반적인 내용이 아닌, 최대한 구체적으로 목표를 정해야 한다.

- **단계적으로 측정 가능한 지표 활용** : 가야 할 방향을 정하면 단기적으로 도달해야 하는 측정 가능한 목표를 세워야 한다. 이는 목표에 도달하지 못해 나타나는 좌절감에서 벗어나 목표를 향해 가는 과정에 충실할 수 있게 도와준다.

- **시간표 작성** : 계획을 세울 때는 단순히 목표를 정하는 것만이 아니라 주당 몇 시간씩 어떤 전문적 훈련을 할 것인가를 정한다. 정해진 훈련 세션 없이 계획은 결코 이루어질 수 없다.

- **비전의 공유** : 비전을 지속적으로 상기시켜 주는 것이야말로 선수들이 집중하게 만드는 가장 좋은 방법이다. 작은 성공을 축하해 주고, 잘 안 되는 상황에서도 가능한 한 용기를 북돋아 준다.

    선수들의 가장 큰 자산은 자신감이다. 자신감은 지도자의 단순한 칭찬에 의해 생기지 않는다. 자신감은 반복되는 훈련, 특히 기본 기술을 완벽하게 해낼 수 있는 트레이닝의 결과로 생긴다. 지도자는 경기를 단순화하고, 선수들은 그 과정에서 해야 할 동작을 훈련하는 것이다. 공격 역습의 예를 들어 보면 역습 과정의 반복 훈련을 통해 공격수는 슈팅의 정확성을 높이고, 미드필더는 공격수에게 연결하는 패스의 정확성을 높인다. 이러한 과정이 반복 연습에 의해 자연스럽게 실행되고 경기에서 나타날 수 있다면 선수의 수준과 함께 팀의 경기력도 향상될 것이다.

    훈련에서의 성공률과 경기에서의 능력 발휘의 연관성은 당연히 높다. 연습에서 안 되는 동작이 경기에서 발휘되기를 바라는 것은 로또 당첨을 바라는 것과 다르지 않다.

(3) 책임감

선수들이 경기 향상과 발전을 원한다면 그들을 정확하게 지도할 수 있는 지도자가 필요하다. 현실적으로 선수들의 10% 정도만이 성공을 위해 헌신적으로 훈련에 참여한다. 그렇다면 지도자로서 어떻게 이러한 선수들을 도울 것인가?

첫째, 일반적으로 성공은 일상에서 발견되는 것이므로 매일매일의 생활을 책임감 있게 살아야 한다. 선수들이 경기에 도움을 줄 수 있는 습관을 익히고 경기장에서 좋은 결정을 할 수 있는 선수로 성장하기 위해서는 훈련장 밖 선수 교육 프로그램과 일상생활에도 관심을 가져야 한다.

선수들이 가장 흔히 저지르는 실수는 충분한 수면을 취하지 못하는 것이다. 지도자와 선수들은 충분한 휴식과 영양 섭취가 경기력에 중요한 영향을 미치는 요인이라는 것을 잘 알고 있지만, 많은 선수들이 이를 무시한다. 축구선수로서 큰 꿈을 이루기 위해서는 일상의 생활습관과 스타일을 그에 상응하도록 맞추어야 한다.

"축구 교도소에서 생활하고 있다"는 박지성 선수의 말처럼, 주말의 90분 경기를 위해 일주일, 하루 24시간 모두 철저하게 관리하고 준비해 나가는 프로 선수의 자세를 본받아야 한다.

둘째, 지도자는 선수들에게 성공에 이르는 길이 얼마나 어려운 길이라는 것을 알게 하고 이해하게 해야 한다. 엄청난 자기 관리와 힘든 여정을 거쳐 성공에 이르는 선수는 불과 몇 명 되지 않는다. 사회생활은 깨지기 쉽고 실망과 좌절감에 휩싸일 때도 많다. 최고의 선수가 되는 길은 시간이 걸리고 인내심이 절대적으로 필요한 과정이다. 좋은 선수와 위대한 선수의 차이는 실패로부터 회복하는 것이다. 수많은 반복과 실패를 통해 완벽한 기술을 습득하는 것처럼, 실패를 딛고 다시 시도하는 선수만이 위대한 선수가 될 수 있다.

선수 프로필을 작성하고 평가하기 위해 〈그림 1-2〉 선수 프로필 평가표를 활용할 수 있다. 각 요인별로 최고 7점을 기준으로 수치로

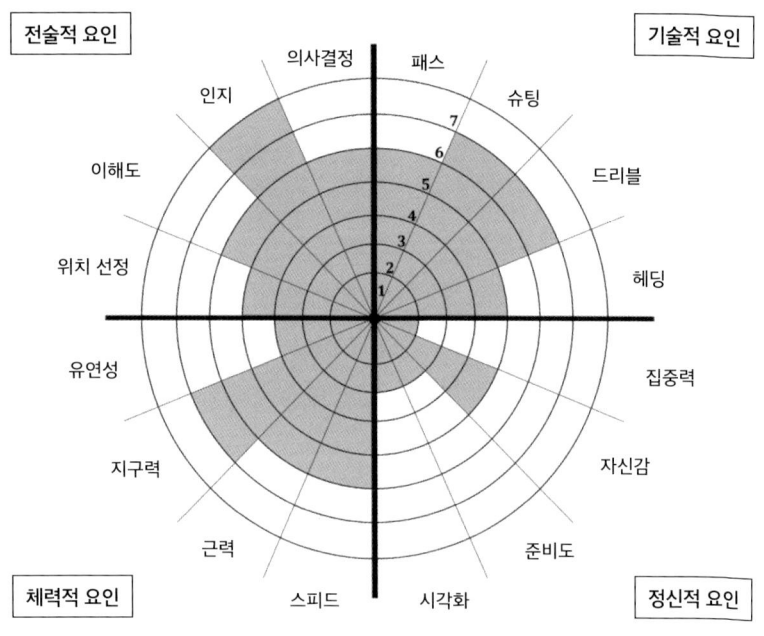

그림 1-2 선수 프로필 평가표(Curneen, 2015)

평가하여 원의 형태로 연결하면 선수들이 쉽게 시각적으로 자신의 장단점을 평가할 수 있다. 평가표는 유소년 수준에서 선수의 장단점을 파악하고 경기력 요인별로 훈련하는 데 도움을 줄 것이다. 특히 선수들과 포지션 트레이닝에 대해 개인적 대화를 시작할 때 좋은 도구로 쓰일 수 있다. 축구 경기 수준이 높아지면 평가표도 그에 따라 바꾸어 가며 활용한다.

3) 포지션별 전문 훈련

포지션별 요구 수준이 정리되고 선수 개개인의 프로필을 만들고 나면 다음 단계는 운동장에서 훈련을 하는 것이다. 선수의 포지션과 연관된 수준 높은 실제 경기 같은 훈련을 하는 것이 무엇보다 중요하다. 선수들을 모두 모아 놓고 이것을 하고 저것을 하라고 주문하기보다는 가급적 선수 개인별 대화를 통해 각 선수의 포지션별로 해야 할 일을 정확히 알려주는 것이 중요하다.

선수별 포지션 전문 트레이닝을 할 때에는 다음과 같은 과정이 포함되어야 한다.

- 선수와 이야기하기 전에 먼저 충분히 관찰한다 : 포지션별 전문 트레이닝은 선수들을 세워 놓고 하는 강의가 아니다. 시간과 에너지를 효과적으로 활용하는 것이 중요하다. 선수의 플레이를 충분히 살펴보고 지도를 하는 것이 바람직하다. 동작 하나하나 지도를 하는 경우, 선수들은 실망하고 자신감이 떨어질 수도

있다. 선수들이 도전하도록 충분히 시간을 주고, 지도는 회복 시간에 하는 것이 선수들이 더 잘 받아들일 수 있는 방법이다.

- **경기 상황의 디테일을 고려한 연습을 한다** : 연습은 선수들이 경기장에서 마주치게 될 동작 등을 도전해 보는 형태가 되어야 한다. 체력적·전술적 요인을 배제한 채 기술적 요인 중심으로 한다면 우수 선수의 경쟁을 위한 훈련이 되지 못할 것이다. 지도자는 단순히 기술 동작을 반복하기보다는 충분한 체력적 강도, 전술적 문제 해결 능력 향상, 수비수의 압박 상황 등을 고려하여 운동 수행으로 문제를 해결하는 형태의 훈련 상황을 제공해야 한다.

- **시간을 고려하고 구체적 목표를 달성하는 연습을 한다** : 연습의 마무리가 어떠한 결과나 최종 동작으로 나타나야 하는지 선수들이 구체적으로 이해할 수 있어야 한다. 예를 들어 중앙 미드필더의 경우, 5m 패스와 20m 패스의 속도나 정확성이 경기 수준과 같아야 한다. 시간 개념도 중요하다. 볼을 처리하는 속도의 개념과 경기 후반부의 체력 소모와 연관 있는 시간의 개념이 훈련에 포함되어야 실제 경기 상황과 유사한 조건의 훈련이 될 수 있다.

- **전문적이고 정직한 피드백을 제공한다** : 축구를 처음 배우는 유소년 시절에는 "잘했어요"라는 일반적인 칭찬이 도움이 될 수 있지만, 우수 선수를 목표로 전문적인 훈련을 하는 단계에서는 보다 전문적이고 정직한 피드백이 절대적으로 필요하고 중요하다.

'생각하는 선수'로 육성하기 위해서는 결과를 지적하거나 어떻게 해야 한다고 지도하는 것만으로는 부족하다. 기술이나 동작 등을 스스로 평가할 수 있고 전술적 상황에서 경기 운용과 관리를 할 수 있는 선수로 만들기 위해 피드백을 줄 때 고려해야 할 요인은 다음과 같다(Curneen, 2015).

피드백 제공의 6가지 주요 원칙

1. 정확하게 잘하는 것부터 시작한다.
2. 일반적인 것보다는 구체적으로 표현한다.
3. 파괴적인 피드백보다는 건설적인 피드백을 한다.
4. 가능한 한 빨리 피드백을 해준다.
5. 선수가 확실히 이해할 수 있도록 피드백을 해준다.
6. 향상을 위한 피드백을 제공한다.

3. 포지션별 주요 운동 능력 지표

축구는 열한 명의 선수가 팀을 이루어 경쟁을 하는 스포츠이므로, 선수들은 팀의 승리를 위해 각자의 특정한 포지션에서 필요한 기능과 역할을 수행해야 한다. 선수들과 지도자들은 각 포지션에 요구되는 기술적 요소에 대한 전반적 이해는 하고 있으나, 이러한 개념에 대한 연구는 많지 않다.

휴즈와 프로버트(Hughes & Probert, 2006)는 2004 유럽축구선수권대회에 참여한 엘리트 국가대표 선수들을 대상으로 포지션에 따른 기술적 분석을 시도하였다. 정성적 데이터는 경기 후 성공적 실행으로 연결된 기술 동작을 대상으로 수집하였다. 선수들은 포지션별로 골키퍼, 수비수, 미드필더, 스트라이커로 분류되었다. 또한 승리한 팀과 패배한 팀 각각의 기술 동작 분포에 대한 비교도 이루어졌다. 그 결과 카이 제곱 Chi squared 검정을 통한 결과로 필드에서 활동하는 세 포지션별 기술 동작 빈도에 대한 분포에 유의미한 차이($p<0.05$)가 발견된 반면, 모든 운동 능력 지표 PI : Performance Indicators 에 대한 기술 동작 평가의 누적 평균에서는 유의미한 차이가 발견되지 않았다($p>0.05$).

그러나 선수 개인 단위에 대한 분석에서는 포지션별로 특정 운동 능력 지표에 유의미한 차이가 발견($p<0.05$)되었다. 이 연구는 기술에 대한 정성적 분석과 평가를 통해서도 지도자들이 추후에 선수들의

포지션별 적합도를 결정하기 위해 활용할 수 있는 신뢰할 만한 정량적 결과물을 도출해 낼 수 있음을 입증하였다. 이와 함께 지도자들은 선수 개인의 필요와 포지션에 따른 적절하고도 전문적인 훈련 세션을 구성해야 한다는 견해를 밝혔다.

윌리엄스(Williams, 2009)는 운동 능력 분석에 사용되는 기술의 조작적 정의 operational definition를 정하고 각각의 스포츠에 대해 표준화된 정의를 지정하여 사용하는 방법은 데이터의 질적인 수준을 높이고 향후 연구와 분석에도 잘 활용될 수 있다고 주장하였다. 영화 〈머니볼 Moneyball〉을 통해서 잘 알려진 빌리 빈 Billy Bean(Lewis, 2003)은 야구에서 이러한 과정을 통해 표준화된 정의를 마련하여 객관적인 대형 데이터베이스를 통해 선수들을 더 효과적이고 경제적으로 영입하는 데에 활용했고, 이는 결국 그의 구단이 경제적으로 크게 성공하는 데 기여하였다.

그러나 대부분의 스포츠에서는 주요 운동 능력 지표가 지도자에 따라 큰 차이가 난다. 따라서 많은 지도자에 의해 운동 능력 지표가 인정되고 이에 대한 정의가 명확하게 세워진다면 상업적 활용도가 높은 축구 산업에서 컨설팅과 연구에 다양하게 활용될 수 있을 것이다.

휴즈와 동료 연구자들(2012)은 운동 능력 분석을 위한 심화 프로그램 IPPAS : Intensive Program in Performance Analysis of Sport에 참여할 유럽 9개 대학의 전문가와 스포츠과학 전공 학생들을 헝가리로 불러 모았다. 연구의 핵심 질문은 '스카우팅, 프로파일링, 선수 육성을 어떻게 최적화하여 팀 및 클럽 운영을 가장 효율적으로 할 수 있는

가'였다. 가장 경험이 많은 전문가 5명을 중심으로 나머지 전문가(N=15)와 51명의 학생들이 7개의 그룹을 구성하였다. 각 그룹의 목적은 축구의 포지션별 주요 운동 능력 지표를 정의하는 것이었다. 연구에 포함된 포지션들은 골키퍼GK, 측면 수비수Full Back, 중앙 수비수Center Back, 수비형 미드필더Holding Midfielder, 공격형 미드필더Attacking Midfielder, 측면 미드필더Wide Midfielder, 중앙 공격수Striker 등이다. 연구 결과는 〈표 1-1〉 각 포지션별 주요 운동 능력 지표 요인에 나타난 바와 같다.

연구 결과를 살펴보면, 각 포지션별 주요 운동 능력KPI : Key Performance Indicators 요인이 거의 유사하면서도 우선순위가 다르다는 것을 알 수 있다. 축구를 잘하는 선수는 어떤 포지션도 소화할 수 있다는 지도자들의 주장에 부분적으로 부합하는 결과로 해석될 수 있다. 이를테면 골키퍼, 풀백, 스트라이커 포지션에는 특징적 차이가 있으나, 필드에서 활동하는 선수들을 위한 일반적 주요 운동 능력 요인을 정의하는 것은 가능하다(Hughes et al., 2012).

표 1-1 축구 포지션별 주요 운동 능력(KPI) 요인

평가 지표	골키퍼	풀백	중앙 수비수	수비형 미드필더	공격형 미드필더	윙 포워드	스트라이커
생리적 지표	신장 근력 파워 민첩성 협응력 반응 속도	스피드 파워 지구력	신장 근력 스피드 파워 지구력	지구력 스피드 파워 근력	지구력 스피드 파워 근력	스피드 지구력 파워 근력	스피드 민첩성 파워 근력 지구력
전술적 지표	시야 조직력 의사소통	* 크로스 타이밍 * 서포트 * 패스 * 볼 없을 때 움직임 * 오프사이드 유도	시야 조직력 의사소통 패스	시야 조직력 의사소통	시야 조직력 의사소통	시야 조직력 의사소통	시야-공간 인지 예측력 조직력 의사소통
기술적 지표 (수비)	슈팅 저지 협응력 회복 스피드 선방 펀칭	* 태클 * 상대 압박 * 인터셉트 - 예측 * 클리어링 * 수비적 헤딩	태클 수비적 헤딩 상대 압박 인터셉트 - 예측 클리어링	태클 상대 압박 인터셉트 - 예측 헤딩	태클 상대 압박 인터셉트 - 예측 헤딩	태클 상대 압박 풀백커버 인터셉트 - 예측 헤딩	태클 상대 압박 인터셉트 - 예측 헤딩
기술적 지표 (공격)	패스 던지기 볼 컨트롤 킥	패스 헤딩 드리블 볼과 함께 달리기 서포트 크로스 슈팅	패스 헤딩 볼과 함께 달리기 서포트 드리블 크로스 슈팅	패스 볼과 함께 달리기 드리블 서포트 크로스 슈팅 헤딩	패스 볼과 함께 달리기 드리블 서포트 크로스 슈팅 헤딩	패스 볼과 함께 달리기 드리블 서포트 크로스 슈팅 헤딩	슈팅 헤딩 볼 받기 드리블 패스 볼과 함께 달리기 서포트 크로스
심리적 지표	집중력 동기부여 태도 신체 언어	집중력 동기부여 태도 신체 언어	집중력 동기부여 태도 신체 언어	집중력 동기부여 태도 신체 언어	집중력 동기부여 태도 신체 언어	집중력 동기부여 태도 신체 언어	집중력 동기부여 태도 신체 언어

〈표 1-2〉는 골키퍼와 필드 플레이어의 체력적·전술적·기술적(수비·공격)·심리적 주요 운동 능력 요인을 보여 준다.

선수 개인의 기술적 능력과 포지션별 필요한 운동 능력 요인에 대한 정보를 제공할 수 있다는 것은 경기에서 선수들의 행동에 변화를 주고, 그보다 더 성공적인 운동 능력의 향상으로 이어질 수 있다. 각 선수 및 포지션별 기술적 특성에 대한 정확한 분석이 이루어질 수 있다면 팀의 훈련 과정과 코칭에 큰 변화를 불러일으킬 것이며(Hughes & Probert, 2006), 이와 함께 지도자들의 경기 전 또는 경기 중의 전술적 결정에도 큰 영향을 미칠 수 있다.

모든 지도자와 경기 분석 전문가들은 〈표 1-2〉에 나타난 다섯 가지 KPI의 상대적 우선순위에 대해 서로 다른 견해를 가지고 있을 것이다. 중요한 것은 각자 자신의 견해에 따라 생리적·전술적·기술적·심리적 KPI를 수정할 수는 있지만, 수정할 수 있는 폭이 크지는 않을 것이라는 점이다. 우선순위에 대한 생각은 팀의 여건이나 보유하고 있는 선수들의 활용 면에서 지도자마다 다를 수 있다. 하지만 제시된 요인의 중요성에는 대부분의 지도자들이 공감할 것이다.

생리적·심리적 KPI는 객관적이고 정확하게 신뢰할 수 있는 정량적 수준으로 측정 가능하지만, 기술적·전술적 KPI 측정과 평가는 쉽지 않다. 특정 움직임이나 경기 상황 움직임의 횟수를 세는 연구에서 발전하여 앞으로 기술적·전술적 KPI에 대한 정의와 평가 방법에 대한 연구가 이루어진다면, 좀 더 과학적이고 효율적인 포지션별 훈련 자료를 제공할 수 있을 것이다.

표 I-2 골키퍼와 필드 플레이어의 일반적 주요 운동 능력(KPI) 요인

평가지표	골키퍼	일반(필드 플레이어)
생리적 지표	신장 근력 파워 민첩성 협응력 반응 속도	신장 근력 스피드 파워 지구력 민첩성
전술적 지표	시야 조직력 의사소통 볼 배급	서포트 크로스 패스 볼이 없을 때 움직임 오프사이드 유도 시야 조직력 의사소통
기술적 지표 (수비)	슈팅 저지 협응력 회복력 선방 펀칭	태클 상대 압박 인터셉트 - 예측력 클리어링 수비적 헤딩
기술적 지표 (공격)	패스 던지기 볼 컨트롤 킥 태클	슈팅 헤딩 볼 받기 패스 드리블 볼과 함께 달리기 서포트 크로스
심리적 지표	집중력 동기부여 태도 신체 언어	집중력 동기부여 태도 신체 언어

4. 경기 및 연습경기 중 포지션별 활동 형태

축구 훈련의 목적은 경기 중 수행하는 동작을 반복하거나 경기력을 향상시키기 위해 과부하를 주고 경쟁력을 높이는 것이다. 적절한 수준의 과부하가 유도되는 자극을 주기 위해서는 실제 경기 상황에서 요구되는 수준을 정확하게 파악하고 기록해야 한다(Dellal et al., 2012).

GPS 시스템은 신체 활동을 하는 기간, 강도, 빈도를 판단하는 데 필수적인 장비이다. GPS 기술은 총 이동거리, 고속 이동거리, 가속 및 감속 같은 트레이닝의 외적 부하를 나타내는 지표를 제공하는 중요한 도구로 기능하며, 이때 선수들에게 가해지는 부하의 정도를 정확히 파악하기 위해서는 선수들이 직접 느끼는 내적 부하에 대해서 인식하는 것 또한 중요하다(Bloomfield et al., 2007).

축구 경기 중 경쟁 상황에서 선수들에게 요구되는 것들은 각 포지션별로 다르다. 중앙 수비수는 경기 동안 총 이동거리와 최대 속도가 가장 낮은 포지션이다. 반면 중앙 미드필더는 다른 포지션과 비교했을 때 가장 많은 거리를 뛴다(Bradley et al., 2009; O'Donoghue et al., 2005). 측면 공격wide attacking과 측면 수비wide defending를 담당하는 선수들은 빠른 스피드를 활용한 움직임이 많다는 것이 특징인데, 이는 궁극적으로 가장 긴 스프린트 이동거리로 나타나며 고강도의 가속과 감속 움직임 횟수가 많아진다(Bradley et al., 2010; Ingebrigtsen et al., 2015).

플레이하는 포지션에 따라 상대 선수와의 경쟁 상황에서 요구되는 점들의 차이를 고려했을 때 모든 포지션에 일괄적으로 적용할 수 있는 트레이닝 방법은 지양되어야 하며, 트레이닝 효과를 극대화할 수 있도록 포지션별 선수들에게 필요한 경쟁 요소를 트레이닝하는 것에 집중해야 한다. 그리고 상대 선수와의 경쟁에 필요한 요소들을 분석할 때, 각 항목의 최대치를 반드시 고려해야 한다. 만약 평균적인 수준에 맞춰 경기를 준비한다면 선수들은 경기에 충분한 준비가 안 된 상태로 출전할 수 있어, 경기 도중 상대와의 경쟁이 최대로 발생하는 상황에서는 부상 위험에 노출될 수도 있다(Gabbett et al., 2016).

연습경기는 축구 경기에서 요구되는 기술과 전술, 신체적 측면 등을 동시에 향상시킬 수 있어 가장 널리 활용되는 축구 트레이닝 방법이다. 델랄Dellal 연구진(2011)에 따르면 실제 경기 중 총 이동거리의 1.8~2.6%가 스프린트 동작으로 이루어진 반면, 연습경기 중에는 13.6~16.3%가 스프린트 동작으로 나타나 연습경기가 실제 경기보다 더 높은 강도로 진행될 수 있는 것으로 나타났다.

최근의 리뷰 연구에서는 각 선수들에게 주어지는 자극(부하)의 강도를 조절함으로써 연습경기의 강도를 함께 조정할 수 있다고 제안한다(Halouani et al., 2014). 예를 들어 경기장의 크기를 일정하게 유지하면서 플레이하는 선수들의 수를 늘린다면 트레이닝 강도를 낮출 수 있고, 반대로 선수들의 수를 일정하게 하고 경기장의 크기를 넓힘으로써 트레이닝 강도를 높일 수도 있다(Da Silva et al., 2011). 그러나 경기장의 크기와 선수들의 인원수에 변화를 주는 것에만 집중한다면 그 결과는 실제 경기에서 발생하는 상황과 동떨어진 결과가 나올 수밖에 없을 것이다.

따라서 축구 경기라는 특성을 유지하고 전술적 효과를 충분히 거두기 위해서는 플레이하는 상대적인 영역을 실제 경기와 동일하게 유지하는 것이 중요하다. 또한 전술 코치가 만든 상황에 따라서 일정하게 유지하는 것이 중요하다. 플레이하는 상대적인 영역을 일정하게 유지함에 따라 나타나는 체력적 효과에 대해서는 연습경기의 형태가 미치는 영향에 대한 연구 결과가 보고된 바 있다. 이를 통해 코치들은 실제 경기에서 중요한 전술적 요인들은 그대로 유지하면서 선수들의 체력적 요인을 향상시킬 수 있는 트레이닝을 구성할 수 있다.

경기 및 연습경기의 포지션별 체력적 요구 수준을 살펴보면 다음과 같다.

1) 경기 중 포지션별 이동거리 및 활동 형태 차이

축구 국가대표 A매치와 K리그 경기를 비디오 이미지로 추적·분석하는 VITS^{Visual-based Image Tracking System} (Visual Soccer 3.0®, Korea) 프로그램을 활용하여 경기 중 이동거리와 활동 형태를 분석한 이용수와 김용래(2015)의 연구 결과를 요약하면 다음과 같다.

국가대표 경기와 K리그 경기 전·후반 모두 출전한 선수들을 포지션별로 분류하여 이동거리를 평균^{mean} 및 표준편차^{SD}로 분석한 결과는 총 이동거리에서는 측면 미드필더^{SM}가 11.80±0.16km로 가장 높게 나타났고, 전반 이동거리는 중앙 미드필더^{CM}가 5.91±

0.06km로 가장 높게 나타났다. 또한 후반 이동거리는 측면 미드필더가 5.93±0.11km로 가장 높게 나타났고, 점유 시 이동거리는 중앙 미드필더가 7.67±0.37km로 가장 높게 나타났다. 마지막으로 비점유 시 이동거리는 측면 미드필더가 3.54±0.16km로 가장 높게 나타났다(그림 1-3).

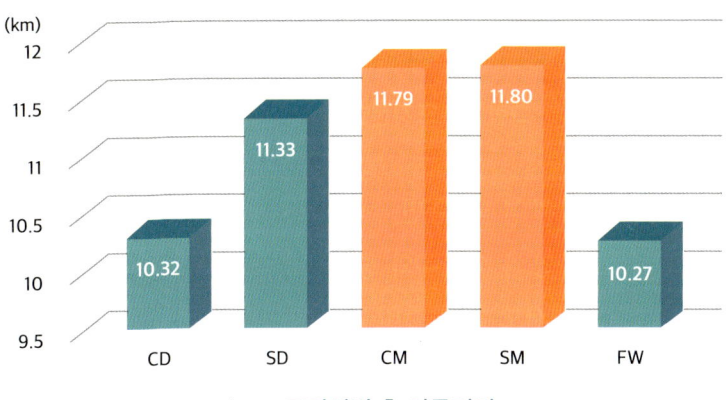

그림 1-3 포지션별 총 이동거리

국가대표 경기와 K리그 경기 전·후반 모두 출전한 선수들을 포지션별로 분류하여 활동 형태 이동거리를 평균 및 표준편차로 분석한 결과, stand & walk에서는 중앙 공격수FW가 0.28±0.02km, 3.07±0.97km로 가장 높게 나타났고, 조깅은 중앙 수비수CD가 5.12±0.08km로 가장 높게 나타났다. 달리기는 중앙 미드필더CM가 1.83±0.08km로 가장 높게 나타났고, 고강도 달리기high-intensity running는 측면 미드필더가 0.58±0.08km로 가장 높게 나타났다. 전력질주sprint도 측면 미드필더가 0.21±0.05km로 가장 높게 나타났다(그림 1-4).

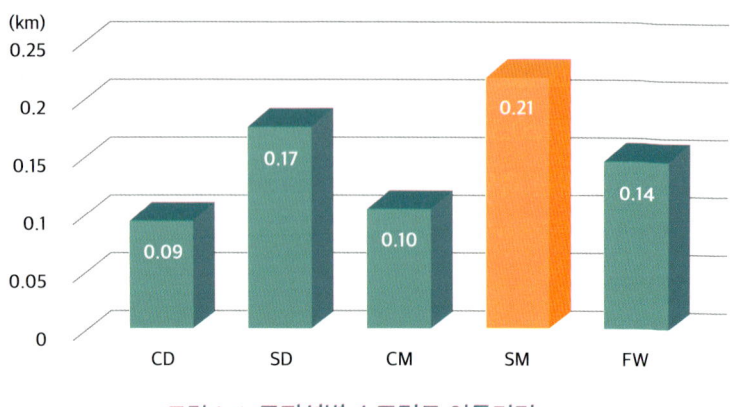

그림 1-4 포지션별 스프린트 이동거리

이상을 종합해 볼 때, 측면 수비수SD와 중앙 미드필더CM, 측면 미드필더SM는 중앙 수비수CD와 중앙 공격수FW보다 많이 뛰고, 고강도 활동 형태에서도 측면 수비수, 중앙 미드필더, 측면 미드필더가 많이 뛴 것으로 나타났다. 즉, 이와 같은 포지션은 고강도 활동 능력이 우수해야 그 포지션에서 우수한 경기력을 발휘할 수 있음을 알 수 있다.

또한 워커와 호킨스(Walker & Hawkins, 2018)는 〈표 1-3〉에 나타난 바와 같이 Bloomfield et al.(2007), Bradley et al.(2013), Bush et al.(2015)의 연구 결과를 토대로 최근 여섯 시즌 동안 고강도 달리기의 증가 비율을 분석하여 대부분의 포지션에서 24~35% 증가했다고 보고했다. 특히 중앙 수비수와 측면 수비수의 고강도 달리기는 각각 33%와 35% 증가하여 체력적 요구 수준이 더 높아졌음을 확인할 수 있었다. 따라서 포지션별 전문 트레이닝을 할 때도 이러한 체력 요구 수준을 고려해서 훈련 강도를 조절해야 한다.

표 1-3 EPL 선수들의 포지션별 활동 형태 및 체력적 요구 수준

포지션	총 이동거리 (m)	고강도 이동거리 (>19.8km/h)	스프린트 거리 (>26.2km/h)	스프린트 횟수	지난 6시즌 동안 고강도 이동거리 상승 비율(%)	포지션별 특징적 활동 형태
중앙 수비수	9,896	612	153	36	33	보다 많은 측면 & 후방으로의 움직임과 점프
풀백	10,730	1,115	288	60	35	보다 긴 스프린트 거리
중앙 미드필더	11,495	953	217	55	30	보다 많은 전방으로의 움직임과 0-90° 턴 동작
측면 미드필더	11,612	1,214	331	68	27	보다 많은 사선 및 곡선 움직임
공격수	10,320	1,026	312	55	24	사선과 곡선 달리기, 보다 많은 270~360° 턴 동작

평균값을 나타내며, 팀 전술, 점유율, 경기의 중요도, 그리고 경기 진행 상태 등과 같은 다양한 요인으로 인해 모든 포지션에 걸쳐 경기와 경기 간 큰 변동성이 존재한다.

출처 : Walker & Hawkins, 2018

2) 연습경기 시 포지션별 이동거리 및 활동 형태 차이

지도자들은 최대한 실제 경기 상황에서의 운동 강도와 전술적 움직임이 훈련 상황에서 반복될 수 있기를 바라고 연습을 한다. 이러한 목적 아래 연습경기도 인원수와 크기를 조정하여 다양하게 시도

하고 있다.

선수들이 플레이하는 상대적인 영역을 그대로 유지했을 때, 소규모의 연습경기(3대3)가 5대5 혹은 7대7과 같은 중규모·대규모의 연습경기들에 비해 더 높은 운동 자각도와 심박동 반응을 이끌어낼 수 있으며, 경기 중에 휴식을 취하는 비율이 낮게 나타난다. 또한 민첩성이 요구되는 상황과 스피드의 변화도 더욱 빈번하게 발생하였다. 그러나 소규모 연습경기에서는 실제 시합에서 나타나는 스프린트 동작이 발생하는 상황이 잘 구현되지 않는다(Owen et al., 2014). 큰 규모의 연습경기일수록 작은 형태의 연습경기에 비해 총 이동거리가 길게 나타나며, 빠른 스피드의 러닝과 많은 가속 활동이 보인다(Castellano et al., 2013).

GPS를 활용해 연습경기의 형태가 어떻게 포지션별로 실제 경기에서 나타나는 활동 정도에 상응하는 부하에 영향을 줄 수 있는지에 관해 애보트Abbott 등의 연구(2017)를 중심으로 살펴보면 다음과 같다.

(1) 측정 방법

경기와 연습경기 데이터들은 2016/2017 시즌 프리미어 리그 아카데미 소속 23세 프로 선수들로부터 수집하였다. 선수들을 다섯 가지 포지션(중앙 수비수, 측면 수비수, 중앙 미드필더, 측면 공격수, 스트라이커)으로 나누었고, 39번의 연습경기 세션과 22번의 경기로부터 포지션별 활동 형태 자료를 GPS 시스템을 활용해 수집하였다.

데이터를 수집할 때는 4-3-3 포메이션을 사용하였고, 연습경기 세션을 진행할 때는 참여하는 인원수에 따라 대·중·소규모 형식 중 한 가지를 활용하였다. 각 트레이닝 전에 수석 기술 코치를 각 팀에 배치함으로써 팀 간의 실력 차이를 대등하게 하였으며, 선수들은 정해진 포지션에서 플레이하였다.

대규모 연습경기는 10v10, 9v9, 7v7에 골키퍼를 추가해 진행하였다. 중규모 연습경기는 6v6, 5v5, 4v4에 골키퍼를 추가해 진행하였다. 소규모 연습경기는 3v3, 2v2, 1v1에 골키퍼를 추가해 진행하였다. 연습경기는 각 쿼터당 4분간 총 4쿼터를 진행하였고, 쿼터 간 휴식 시간은 3분으로 하였다. 전술적 유효성을 유지하기 위해 모든 포맷에서 골키퍼를 제외한 모든 선수들의 경기장 영역은 $120m^2$로 설정하였다(Hodgson et al., 2014). 연습경기 시작 전, 피험자들은 신체적 기술, 패스와 볼 소유 연습으로 구성된 25분간의 준비운동을 실시하였다. 실제 경기와 같이 연습경기 또한 천연 잔디 구장에서 진행하였으며, 피험자들은 연구 기간에 동일한 축구 용품을 착용하였다.

(2) 연구 결과

〈그림 1-5〉는 연습경기 형태와 선수 포지션에 따른 최대 이동거리(m/min) 활동량의 평균값과 최고값을 보여 준다. 1분당 최대 이동거리 평균값의 경우, 연습경기 형태 간에 뚜렷한 차이가 있었다. 실제 경기에서 분당 최대 이동거리의 평균값이 가장 낮았고 소규모 연습경기, 중규모 연습경기, 대규모 연습경기 순으로 낮은 수치를 보였다. 선수들의 포지션에 따라서도 유의미한 차이를 보였으며, 중

앙 수비수들은 다른 포지션들보다 분당 최대 이동거리는 적게 나타났고, 중앙 미드필더는 다른 포지션과 비교했을 때 더 많은 분당 최대 이동거리를 나타냈다. 일반적으로 다른 포지션에 비해 높은 활동량을 보였던 중앙 미드필더는 대규모 연습경기에서는 다른 결과를 보였다. 분당 최대 이동거리의 경우, 연습경기 형태에 따라 유의미한 차이가 났다. 소규모 연습경기에서 총 이동거리의 최대값이 가장 낮게 나타났고, 중규모, 대규모 연습경기 그리고 실제 경기 순으로 높게 나타났다.

연습경기 형태 외에도 선수들의 포지션에 따른 분당 최대 이동거리의 차이를 관찰한 결과, 중앙 미드필더는 분당 이동거리의 최대

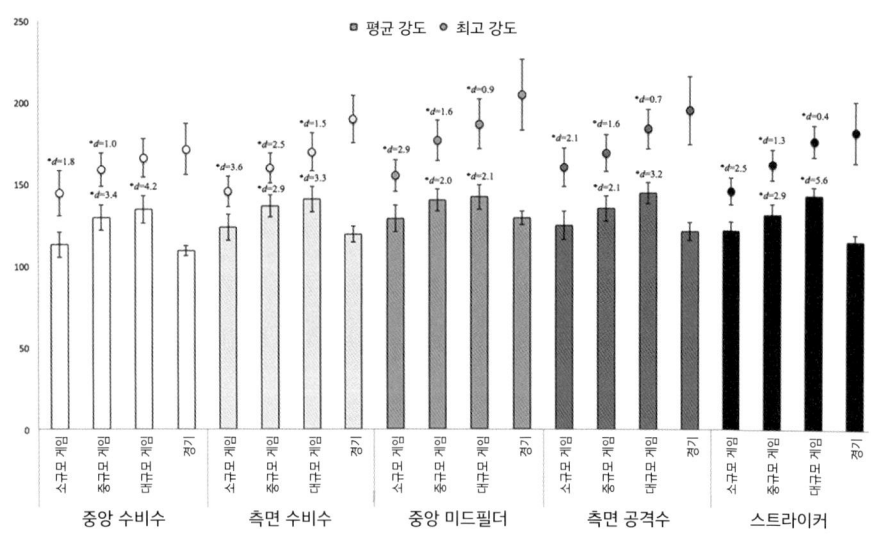

그림 1-5 연습경기와 실제 경기 시 포지션별 총 이동거리의 평균과 최고치 비교 (Abbott et al., 2018)

값이 가장 높게 나타났지만, 활동량이 가장 적은 편에 속하는 중앙 수비수와 측면 공격수와 비교했을 때 유의미한 차이를 보이지 않았다. 또 측면 수비수는 측면 공격수나 공격수와 비교하였을 때, 유의미한 차이가 관찰되지 않았다.

모든 포지션에서 연습경기 형태에 따라 총 이동거리의 최대값이 증가한 반면, 소규모와 중규모까지의 연습경기에서는 중앙 수비수, 측면 수비수, 공격수 간에 유의미한 차이가 나타나지 않았고, 실제 경기 상황에서만 중앙 수비수와 측면 수비수 간에 유의미한 차이가 관찰되었다.

〈그림 1-6〉은 연습경기 형태와 선수 포지션에 따른 스프린트와 고강도 달리기의 평균 및 최대치를 나타낸 것이다. 고강도 달리기 이동거리와 스프린트 동작을 통한 이동거리의 평균값은 연습경기 형태에 따라 유의미한 차이가 나타났다. 소규모 연습경기에서 고강도 달리기와 스프린트를 통한 이동거리가 가장 낮게 나타났으며 중규모 연습경기, 실제 경기, 대규모 연습경기 순으로 낮게 나타났다. 고강도 달리기와 스프린트를 통한 이동거리의 최대값에 대해 연습경기 형태 간의 차이를 분석한 결과, 소규모 연습경기가 고강도 달리기와 스프린트 동작을 통한 이동거리의 최대값이 가장 낮게 나타났으며 중규모, 대규모 연습경기, 실제 경기 순으로 높게 관찰되었다.

선수 포지션의 경우, 측면 수비수 WD와 측면 공격수 WA는 고강도 달리기와 스프린트 이동거리가 가장 높게 나타났다. 고강도 달리기와 스프린트를 통한 이동거리는 연습경기 형태를 소·중·대규모로 변화시킴에 따라 증가하였지만, 소규모 훈련에서는 선수 포지션 간

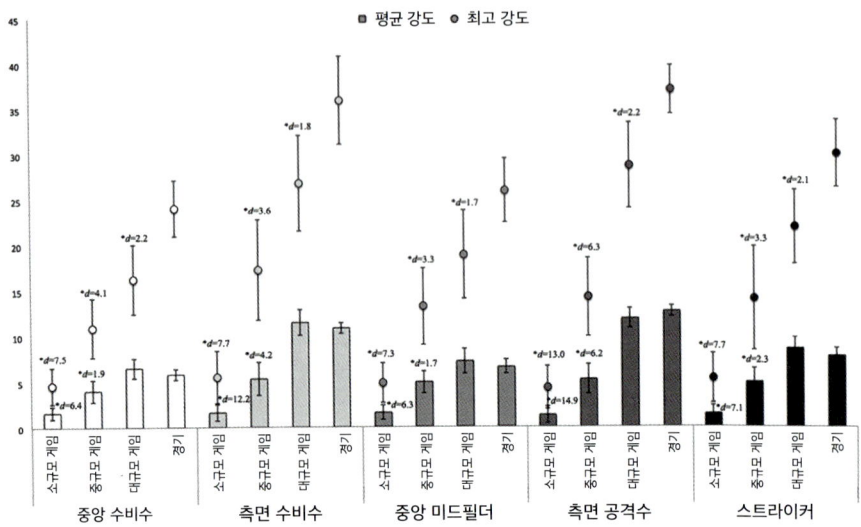

그림 1-6 연습경기와 실제 경기 시 포지션별 고강도 달리기와 스프린트 달리기의 평균과 최고치 비교(Abbott et al., 2018)

이동거리에 유의미한 차이가 없었으며, 실제 경기에서 보이는 포지션 간의 전형적인 차이는 오직 대규모 훈련에서만 관찰되었다.

〈그림 1-7〉은 연습경기 형태와 포지션에 따른 중강도의 폭발적 움직임moderate-intensity explosive distance을 통한 이동거리의 평균과 최대치를 나타낸 것이다. 중강도의 폭발적 움직임을 통한 이동거리 평균값의 경우, 연습경기 형태 간에 유의미한 차이가 나타났다. 중강도의 폭발적 움직임을 통한 총 이동거리는 소규모 훈련에서 가장 높게 나타났으며 중규모, 대규모 연습경기, 실제 경기 순으로 관찰되었다.

선수 포지션의 경우, 중앙 수비수들은 다른 포지션들에 비해 중강도의 폭발적 동작을 통한 이동거리가 유의미하게 낮게 나타났으며, 중앙 미드필더는 다른 모든 포지션에 비해 유의미하게 높은 수준의 움직임을 보였다. 중앙 미드필더가 중강도의 폭발적 움직임을 통한 최대 이동거리가 가장 높게 나타났고, 중앙 수비수는 가장 낮게 기록되었다. 측면 수비수, 측면 공격수, 공격수 간에는 유의미한 차이가 확인되지 않았다.

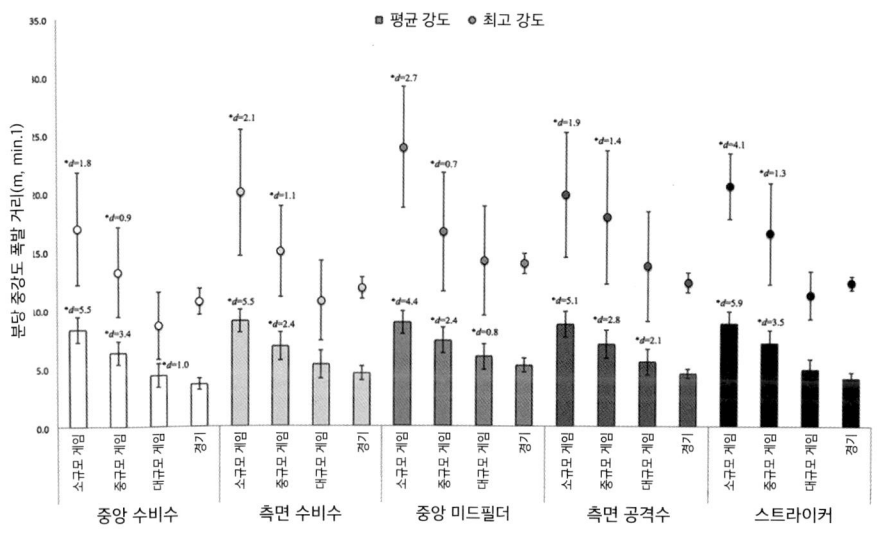

그림 1-7 연습경기와 실제 경기 시 포지션별 중강도의 폭발적 이동거리의 평균과 최고치 비교(Abbott et al., 2018)

(3) 현장 적용

현재까지는 축구에 필요한 전반적인 체력을 향상시킬 수 있는 연습경기의 형태를 명확히 제시한 연구가 없었다. 특성화된 연습경기 형태가 선수들이 경기 중 주로 수행하는 활동에 기반한 신체적 능력을 향상시킬 수 있을 것으로 판단된다. 그러나 이를 위해서는 반드시 경기 중 요구되는 신체 능력의 최대치에 부합하는 정도를 분석하여 연습경기를 구성해야 한다. 애보트Abbott 등의 연구 결과(2018), 평균 총 이동거리는 대규모 연습경기에서 가장 높고 소규모 연습경기에서 가장 낮은 것으로 나타났다. 플레이하는 영역이 넓어질수록 이동거리가 증가한다는 결과를 확인하였으며, 이에 대한 근거로 대규모 연습경기에서 볼을 소유하고 있지 않을 때의 움직임이 많아진다는 것을 확인하였다.

고강도 달리기 및 스프린트 동작을 통한 이동거리는 연습경기 규모에 비례해 증가하였고, 대규모 훈련에서 가장 높게 관찰되었다. 대규모의 연습경기는 플레이하는 절대 영역이 넓고, 선수들이 상대편의 방해를 받지 않고 빠른 속력을 내기에 충분하다. 고강도 달리기와 스프린트에 의한 이동거리의 평균값을 경기 상황과 비교했을 때, 대규모 연습경기만이 경기 상황에서 요구되는 정도를 충족할 수 있었다. 반면, 소규모와 중규모 연습경기 형태는 모든 포지션에서 경기 상황에 필요한 정도에 도달하지 못했다.

중강도의 폭발적 동작을 통한 평균 이동거리는 소규모 연습경기에서 가장 높았고, 훈련 규모가 커짐에 따라 감소하였다. 소규모 훈련일수록 볼의 움직임에 영향을 많이 받고, 이로 인해 상대 수비수를 따돌리기 위한 방향과 스피드를 전환하는 움직임이 더 자주 발생하였다(Hill-Haas et al., 2009). 훈련 상황과 경기 상황에서 중강도의 폭발적 움직임을 통한 평균 이동거리를 비교했을 때, 소규모 훈련의 측면 수비수와 공격수 포지션을 제외한 모든 형태의 연습경기에서 평균 이동거리가 더 높게 나타났다. 최대 이동거리는 평균 이동거리와 유사한 경향을 나타냈으며, 소규모·중규모 형태의 연습경기를 실제 경기와 비교했을 때 중강도의 폭발적 움직임을 통한 최대 이동거리가 유의미한 정도로 높게 나타났다.

이러한 연구 결과는 실제 경기에서 필요한 신체 능력의 최대치를 분석하는 것이 중요하다는 것을 보여 준다. 연습경기 형태 간의 총 평균 이동거리를 실제 경기와 비교했을 때, 대규모 연습경기와 중규모 연습경기에서 실제 경기보다 유의미하게 높게 나타났다. 그러나 최대 총 이동거리를 비교한 결과, 실제 경기에 비해 훈련 상황에서 유의미하게 낮은 것을 알 수 있었다.

이러한 차이는 고강도 달리기와 스프린트를 통한 움직임에서도 뚜렷이 나타났다. 고강도 달리기와 스프린트의 평균 이동거리를 비교한 결과, 대규모 훈련과 실제 경기 간에는 유의미한 차이가 나타나지 않았다. 하지만 고강도 달리기와 스프린트 이동거리의 최대값을 비교해 보면 모든 연습경기 형태에서 실제 경기에 비해 유의미하게 낮게 나타났음을 알 수 있다. 이를 통해 평균적 수준의 신체적 역량(체력)은 연습경기를 통해 훈련이 가능하지만, 실제 경기에서 필요한 최대 수준의 신체적 역량(체력)은 연습경기를 통해 훈련하는 것이 쉽지 않다는 것을 알 수 있다. 최적의 컨디션을 유지하고 부상을 예방하는 측면에서도 지도자들은 선수들을 훈련시킬 때, 실제 경기에서 요구되는 최대치 수준으로 훈련을 진행하는 것이 중요하다.

종합적으로 말해 연습경기 형태는 각각의 포지션별로 필요한 신체적 역량에 근거하여 포지션을 배치하고 훈련할 수 있다. 중앙 미드필더는 중강도 형태로 상당히 많은 양의 운동이 요구되는 포지션이기 때문에 이와 같은 능력을 향상시킬 수 있는 소규모 훈련 형태가 적합할 것이다. 실제 경기와 비교하여, 소규모 훈련을 진행할 때에는 중앙 미드필더가 중강도의 폭발적인 움직임을 통해 이동하는 평균 및 최대 거리가 통계적으로 유의미한 수준으로 높게 나타난다. 실제 경기에서 측면 수비수와 측면 공격수는 고강도 달리기와 스프린트를 많이 하게 되며, 고강도의 폭발적인 움직임을 통한 이동거리도 높게 나타난다 (Ingebrigtsen et al., 2015).

최근의 연구 결과들은 측면 수비수와 측면 공격수들의 훈련에 맞는 방식으로 대규모 연습경기의 효과를 강조하고 있다. 대규모 연습경기를 할 때, 측면 수비수와 공격수들은 실제 경기에서보다 고강도의 폭발적인 움직임으로 인한 평균 및 최대 이동거리가 유의미하게 높게 나타난다. 대규모 연습경기에서 이 두 포지션의 선수들이 초고속의 스피드와 스프린트를 통해 평균적으로 이동하는 거리는 실제 경기를 할 때와 유사한 수준으로 나타나기는 하지만, 최대값을 비교했을 때는 실제 경기 수준만큼 높게 나타나지 않는다. 중앙 수비수와 스트라이커의 경우에는 실제 경기에서 요구되는 역량이 다방면으로 나타나므로 다양한 형태의 연습경기를 주기화 훈련 계획을 통해 체계적으로 실시해 나갈 필요가 있다. 예를 들면, 소규모 훈련을 통해 중강도 수준의 움직임을 많이 반복하게 하거나, 또는 대규모 훈련을 통해 총 이동거리나 고강도 달리기와 스프린트 같은 움직임을 늘리는 방법을 들 수 있다.

축구의 경우 모든 포지션에서 빠른 스피드를 활용한 움직임이 매우 중요하다는 점을 고려한다면, 선수들로 하여금 실제 경기에서 요구되는 최대 수준의 강도에 적응하기 위해서는 연습경기를 계획할 때 스프린트 동작과 관련된 트레이닝을 따로 계획할 것을 권장한다 (Abbott et al., 2018).

축구 포지션별 전문 트레이닝

II 포지션별 필수 요인과 전문 트레이닝 프로그램

축구 전술에 대해 이야기할 때 흔히 체스와 비교하곤 한다. 체스판 위의 말들의 역할이 정해져 있듯이, 축구에서도 각 포지션의 역할이 정해져 있다는 공통점이 있기 때문일 것이다. 그러나 축구는 체스와 결정적으로 다른 점이 한 가지 있다. 체스가 정해진 길로만 진행하는 데 반해, 축구는 자유롭게 움직일 수 있다는 것이다. 다시 말해 체스는 기물 하나하나마다 움직임이 정해져 있어 그 길로 반드시 가야 하지만, 축구는 그 길을 한 선수가 두 번 오갈 수도 있고, 한편의 선수들이 자신의 위치를 벗어나 다른 위치로 이동해 한 공간에 밀집해서 특정 상대 선수나 지역을 압박할 수도 있다. 전술에 따라 얼마든지 위치나 선수 역할의 변화를 줄 수 있다는 뜻이다. 그래서 축구를 흔히 '무빙 체스 게임 moving chess game'이라고 한다. 정해진 길로만 가야 하는 체스와 달리, 축구는 자유롭게 움직일 수 있다는 뜻에서 '움직이는 체스 게임'이라고 하는 것이다(김용진 외, 2016).

앞에서 언급한 바와 같이, 축구에서 전술의 목표는 크게 두 가지이다. 첫째는 자기 팀의 장점을 극대화하는 것이다. 경기장에서 뛰는 열한 명의 선수들뿐만 아니라 교체 선수를 포함해서 그 팀이 갖고 있는 선수들의 경기력을 극대화해야 한다. 둘째는 자기 팀의 단점을 최소화하는 것이다. 결국 상대팀에 대한 분석을 통해 상대팀을 대상으로 자기 팀의 장점을 최대화하고 상대팀의 장점이 발휘되지 못하게 함과 동시에 우리 팀의 단점은 최소화해 전력을 상승시키는 것이 축구 전술의 목표이다. 선수마다 갖고 있는 재능과 기술적 장점을 포지션별로 상대팀의 경기력에 맞추어 최대로 활용하고 결과를 만들어내기 위해서는 포지션별로 적합한 선수를 활용하는 것이 무엇보다 중요하다.

선수의 능력을 평가하여, 포지션은 선수 개인이나 팀에게 도움이 될 수 있도록 결정해야 한다. 선수 개인의 선호도는 물론, 최대한 선수의 강점을 이용하고 약점을 보완하는 방향으로 포지션을 정하면 균형 있는 팀으로 만들 수 있으며, 선수가 적극적인 자세와 노력으로 스스로 경기력을 발전시켜 나갈 수 있다.

포지션별 전문 트레이닝은 각자의 포지션에서의 운동 수행 실패에 대한 두려움을 없애고 정신적으로도 안정감을 주어 경기력 향상으로 이어질 수 있다. 지도자는 선수들이 경기에서 자신의 포지션에 필요한 기술이나 움직임을 연습할 수 있도록 배려함으로써 경기 운영 능력을 향상시킬 수 있는 기회를 주어야 한다. 상당수의 지도자들이 매일 실시하는 기술 훈련으로 충분하다거나, 특정 포지션에서 요구되는 기술 동작 또는 움직임을 한번 시도해 보는 것으로 그 선수가 해당 포지션에서 지도자가 원하는 운동 능력을 발휘할 수 있다고 생각해서는 안 된다. 지도자가 경기 중 선수 개개인이 발휘해야 할 기술이나 동작을 정확하게 정리하여 훈련에서 이를 제공할 수 없다면, 선수들은 경기장에서 지도자가 요구하는 기술이나 동작을 결코 수행할 수 없다.

선수 육성과 재능 발달을 위해서는 이보다 적극적이고 실현 가능한 훈련 방법이 절대적으로 필요하다. 트레이닝 과정에 선수들이 경기에서 발휘해야 하는 기술이나 움직임이 포함되도록 더욱 전문적이고 구체적으로 고안해야 한다.

포지션별로 갖춰야 할 필수 요인과 포지션별 주요 능력 향상을 위해 활용할 수 있는 전문 트레이닝 프로그램을 살펴보기로 하자.

1. 중앙 수비수

수비수의 가장 기본적인 역할은 상대편의 공격을 차단하는 것이다. 공격해 오는 상대 선수의 의도를 정확히 파악하여 차단하고 자기편의 공격으로 연결되도록 해야 한다.

중앙 수비수는 모든 성공적인 팀의 심장이다. 중앙 수비수는 상대의 움직임을 읽어내는 예측력과 집중력, 상대의 의도된 움직임에 대응하기 위한 발빠른 움직임, 높은 타점의 헤딩과 과감한 태클로 상대에게 강한 메시지를 전달하고 팀을 앞으로 이끄는 열정적인 리더이다.

상대를 멈춰 세우는 기술의 중요성은 축구 경기의 역사를 통해 그동안 변하지 않았지만 중앙 수비수에게 요구되는 능력과 코칭 방법에는 많은 변화가 있었다. 최근에는 중앙 수비수가 힘이나 파괴적인 부분에 의존하는 것이 아닌 보다 복잡한 포지션으로 변화했다. 오늘날의 중앙 수비 파트너십은 '팀 안의 팀'으로서 더 이상 고립되어 플레이하지 않고, 대신에 이전보다 더 시스템에 의존한다.

"수비 예술은 죽었다"라는 표현처럼 근래에 득점이 더 쉬워지고 수비력이 전체적으로 저하되었다는 평가가 있긴 하지만, 최근에 수비력 기준이 떨어진 것처럼 보이는 현상에는 세 가지 이유가 있다.

- **높은 공격 수준** : 아자르, 호나우두, 메시, 살라와 같이 스피드와 볼 컨트롤 능력이 뛰어난 공격수들은 예전보다 더 기술적이고 빨라졌으며, 매 순간 자신의 포지션에서 득점과 도움을 노린다. 수비수들은 빠른 스피드를 가진 선수들로부터 이전과는 전혀 다른 문제들을 다루어야만 한다.

- **수비에 대한 요구 증가** : "수비적으로 가장 중요한 것은 희생과 협력, 지능적인 플레이 그리고 정확한 위치 선정이다"라는 안첼로티 감독의 말처럼 중앙 수비수들은 경기장 안에서 짧은 시간 안에 많은 결정을 내려야 한다. 이러한 요구는 수비수들이 절제력을 잃을 수 있게 만드는 정신적 과부하를 가져올 수도 있고, 큰 실수를 유발할 가능성이 있다.

- **질 높은 훈련의 부족** : 수비 원칙을 가르치는 것과 수비력을 향상시키는 일에는 시간이 필요하다. 그러나 오늘날 지도자들이 공격 전술이나 볼 점유율을 높이기 위한 패싱 연습에 쏟아 붓는 훈련 시간에 비하면 수비력과 관련된 훈련에 할애하는 시간이 상대적으로 너무 부족하다. 유소년을 지도하는 대부분의 지도자들도 기술이나 공격적인 훈련에 80% 정도 시간을 투자하고 20% 정도만 수비 훈련을 실시하는 경향이 있다.

1) 중앙 수비수가 갖춰야 할 주요 요인

중앙 수비수는 상대 공격에 대한 최후 방어선 역할을 해야 한다. 전술 변화에 따라 여러 요인에 대한 기대 수준이 더 높아졌지만 최종 수비수의 역할은 무엇보다 중요하다. 중앙 수비수로서 갖춰야 할 기술적·체력적·전술적·정신적 주요 요인은 다음과 같다. 〈그림 2-1〉 중앙 수비수의 프로필 요인 그래프를 이용하면 선수들의 장단점을 쉽게 비교할 수 있고 개선해야 할 요인 등도 파악하여 훈련 비중 및 시간을 조정하는 자료로 사용할 수 있다.

(1) 기술적 요인
- 공격수들의 움직임을 예측하는 능력
- 양발을 사용하는 패싱력과 수비 시 좌우 양쪽에서 모두 플레이 할 수 있는 능력
- 패스의 범위 : 숏 패스 & 롱 패스
- 동료 수비와 미드필더를 지원할 수 있는 위치와 각도 형성
- 공격수들의 패스를 예측하고 막아내는 능력
- 1대1, 1대2 상황에서의 견고한 수비력
- 공중에서의 헤딩 경합 능력
- 위험 지역에서의 안전한 볼 처리
- 후방 빌드업 build-up의 중심적 역할

(2) 체력적 요인
- 회전 및 방향 전환 능력
- 빠르게 회복하는 능력
- 짧은 거리를 빠르게 주파하는 능력
- 적극적인 공격수와의 몸싸움 경쟁력
- 90분 혹은 그 이상의 시간 동안 에너지를 유지할 수 있는 지구력
- 빠르게 고강도의 에너지를 간헐적·반복적으로 분출하는 능력

(3) 전술적 요인
- 더 이상 '스토퍼stopper'가 아닌 공격의 '출발점'
- 동료 수비수와의 적절한 간격에 대한 이해
- 풀백이 자리를 비웠을 때 넓어진 수비 지역에서의 안정적 수비 운영
- 후방에 공간을 만들며 수비 라인을 전진시킬 수 있는 능력
- 볼 소유 시 공간 파악 능력과 전체 선수 위치를 확인할 수 있는 넓은 시야
- 전환시킬 수 있는 시야와 공격 전개
- 수비 지역에서의 과부하를 인지하는 능력
- 전술적인 지시를 이해하고 동료들이 수행하도록 코치하는 능력

(4) 정신적 요인

- 상대의 특성 및 스타일을 빠르게 파악하는 능력(스피드, 기술, 헤딩 능력 등)
- 팀 동료들과 효율적으로 소통하는 능력
- 리더로서의 자질과 권위 있는 성격
- 차질이 빚어졌을 때 책임 받아들이기
- 항상 볼을 받아 플레이하려는 자신감
- 팀을 우선시하는 자세
- 모든 승부에서 승리를 원하는 승부욕과 경쟁심
- 경기 변화와 상황에 적응하는 능력

즉 활동성, 파워, 스피드, 투쟁심 등이 중앙 수비수에게 요구되는 주요 요인이다. 그러나 이러한 요인들이 반드시 성공을 보장하지는 않는다. 수비는 팀으로 이루어져야 한다. 특히 중앙 수비수들 간의 유대는 매우 강력해야 한다. 그들 스스로 자신들의 강점과 약점을 이해하고 서로 도우며 지원해야 한다.

그러나 무엇보다 가장 중요한 것은 훈련과 퍼포먼스이다. 수준 높은 전문 포지션 훈련은 수비수들이 좋은 습관을 형성하도록 이끌고, 중앙 수비수로서 역할의 모든 면에서 뛰어나게 만들어 준다.

중앙 수비수 프로필 요인

기술적 요인
1. 1대1 상황
2. 헤딩
3. 패싱
4. 클리어링

정신적 요인
1. 집중력
2. 소통
3. 리더십
4. 경쟁심

체력적 요인
1. 스피드
2. 근력
3. 지구력
4. 회전 & 방향 전환

전술적 요인
1. 인지
2. 상황 판단
3. 지시
4. 수비 라인 지휘

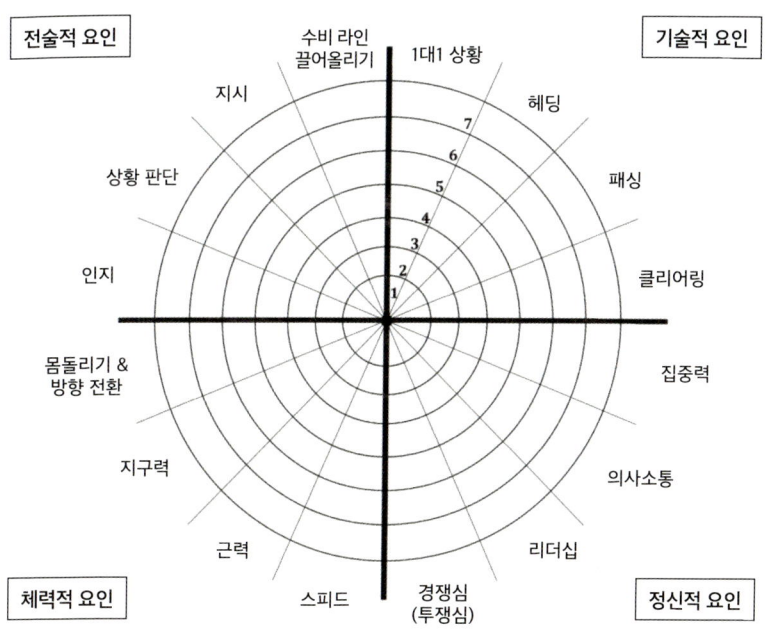

그림 2-1 중앙 수비수 프로필 요인

다음은 잉글랜드 프리미어 리그 웨스트햄 유나이티드West Ham United 팀의 중앙 수비수 육성을 위해 제시된 12~14세, 15~16세, 그리고 프로선수 17~21세의 연령별 기술적·전술적 주요 능력 요인을 나타낸 것이다.

표 2-1 12~14세 중앙 수비수의 기술적·전술적 주요 능력 요인

12~14세 중앙 수비수 – 자립 단계	
기술적 요인	전술적 요인
• 태클, 블로킹, 차단 등 수비 시 강한 투지와 용기 표출 • 상대를 돌지 못하게 하기 위한 몸의 자세 변화, 볼 차단을 위한 보디 포지셔닝 • 공중볼 경합 시 강한 투지와 용기 표출 • 헤딩 시 좋은 타이밍과 방향 선택 • 압박 상황에서도 볼을 간수하며 다양한 터닝 테크닉으로 탈압박하는 능력 • 양발로 다양한 거리의 패스 구사 • 볼을 빠른 속도로 드리블하며 정확한 패스 구사	• 압박 혹은 물러서는 상황 인지 • 볼 소유/미소유 등 다양한 상황에서 필드 중앙 1/3 지역으로 침투 • 볼 뒤에서 협력을 위한 좋은 포지셔닝 • 위험을 감지하며 커버하기 위한 좋은 포지셔닝 • 볼이 없는 상황에서 1, 2, 6, 4, 8번 또는 1, 3, 5, 4, 8번 포지션 선수와 지속적으로 연계 • 볼 소유 상황에서 1, 2, 6, 4, 8번 또는 1, 3, 5, 4, 8번 포지션 선수와 지속적으로 연계

표 2-2 15~16세 중앙 수비수의 기술적·전술적 주요 능력 요인

15~16세 중앙 수비수 – 졸업 단계	
기술적 요인	전술적 요인

• 압박의 유/무 상황에서 높이를 점령하여 동료에게 패스하기 위한 정확한 수비적 헤딩 테크닉 기술 구사(한 발 또는 두 발로 점프)
• 압박 상황에서 질 좋은 숏 패스와 롱 패스를 구사(정확도, 강도, 테크닉 선별)
• 반대 진영에 위치한 풀백 혹은 공격수에게 먼 거리 패스를 보낼 수 있는 능력
• 여러 상황에서 꾸준한 1대1 수비 능력
  - 인터셉트를 위한 전진
  - 공격수가 뒤로 물러나도록 타이트하게 압박
  - 효과적인 1대1 대응 : 자세, 무게중심, 태클/인터셉트 선택
	• 자신 있게 1대1로 수비하여 필드의 다른 상황에서 수적 우위 창출
	• 개인·협력·단체 수비를 여유롭게 구사
	• 세트피스 상황 시 공격·수비 모든 상황에서 강한 영향력 과시
	• 1대1 마크를 통해 크로스를 차단하되, 때에 따라서는 박스 안 공간을 방어하는 판단력
	• 압박 시 후방 빌드업을 구사하는 이해도
	• 볼이 없는 상황에서 1, 2, 3, 4, 5번 또는 6, 8번 포지션 선수와 지속적으로 연계
	• 볼 소유 상황에서 모든 포지션의 선수와 지속적으로 연계

표 2-3 17~21세 중앙 수비수의 기술적·전술적 주요 능력 요인

17~21세 중앙 수비수 – 프로 전환 단계	
기술적 요인	전술적 요인
• 필드의 모든 영역에서 클리어, 득점, 패스를 위한 헤딩을 효과적으로 구사 • 상대 선수와 1대1 상황 시 지능적인 수비(공간 열어 주기, 긴 터치 유도 등)로 볼 소유권 회복 • 볼을 여유롭게 받으며 압박 시에도 빠르고 안정적으로 패스 연결 • 양발을 활용해 필드의 어느 위치로든 패스를 보낼 수 있는 능력 • 상대 드리블러와 1대1 상황이 되었을 때 무게중심을 양다리로 빠르게 이동하여 상대와의 거리 및 각도를 바꿈으로써 올바른 사이드를 수비, 차단, 클리어 및 밀착 수비하는 능력 • 퍼스트 터치로 라인을 깨뜨리며 상대 선수를 벗겨내는 능력	• 후방에서 플레이할 때의 원칙을 이해하고 지속적으로 올바른 판단을 통해 패스 방향 선택 • 전술적 변화에 빠르고 효과적으로 적응(백 3 전환 등) • 우리 팀의 골대에서 멀어지면서 주변 동료들이 있는 공간으로 상대 플레이를 유도 • 게임을 읽으면서 상대 공격수에게 압박할지, 또는 물러나서 볼을 차단할지를 결정 • 빠른 패스 및 드리블로 상대 공격수를 벗겨내어 중원에서의 수적 우위 창출 • 좋은 포지셔닝으로 팀원들에게 패스 옵션을 제공함과 동시에 수비 전환에 대비 • 세트피스 상황에서 상대 공격수 또는 수비수에게 밀리지 않는 강인함 • 측면 또는 중앙에서 꾸준히 상대 공격수와의 1대1 상황을 수비

2) 트레이닝 프로그램

(1) 클리어링 훈련

수비적으로 견고한 팀을 만들려면 중앙 수비수의 효율적인 클리어링 능력이 반드시 필요하다. 가장 흔한 형태의 수비 클리어링은 넓은 지역으로 날아오는 크로스이다. 훈련을 보다 현실적으로 만들기 위해 수비수들이 다시 자신의 위치로 반대 방향에서 돌아오면서 클리어링을 하게끔 해야 한다. 이것이 이 훈련의 핵심 포인트이다.

클리어링 훈련은 주로 두 명의 중앙 수비 짝으로 이루어지는데 다른 수비수들과 함께해도 무방하다. 선수들은 A·B 수비 짝과 C·D 크로스 짝으로 이루어진다. 훈련 공간은 페널티 박스와 30m의 수비 지역으로 구성되며, 출발 지점은 선수 개인의 능력 또는 지도자의 체력적 요구 수준에 따라 변경 가능하다. 코치의 신호에 맞춰 A·B 두 명의 선수는 마네킹을 세워 놓은 곳까지 스프린트를 한다. 거리에 따라 5~6초 후, 또는 수비 마네킹을 도는 순간 C와 D로부터 공중으로 페널티 중앙 지역을 향해 크로스가 올라오고 수비수는 클리어링을 시도한다(그림 2-2 참조).

코칭 포인트
- 공이 측면으로 전개될 때 수비 지역으로 뛰어든다.
- 공이 올라오면 공을 걷어낸다.
- 높게 그리고 멀리 걷어낸다.
- 육체적으로 힘든 상황에서도 최대한 정확하게 클리어링한다.

일정한 기회를 주어 서로 경쟁하도록 게임 형태로 훈련을 조정하는 것도 선수를 자극할 수 있는 좋은 방법이다. 포인트를 얻기 위해서는 반드시 정해진 30m 수비 라인 넘어서까지 공중으로 클리어링해야 한다. 마네킹 대신 공격수를 배치하는 형태, 또는 공격수와 크로스된 공을 실제로 경합하는 형태로 진행하여 공격수는 슈팅을 시도하고 수비수는 클리어링을 하는 형태로 발전시킬 수도 있다.

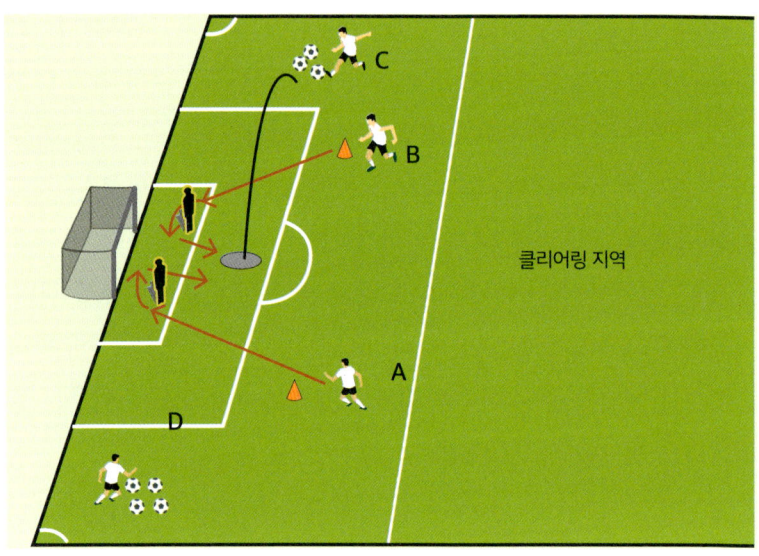

그림 2-2 중앙 수비수 클리어링 훈련

(2) 인터셉트 훈련

중앙 수비수들이 상대 공격수 앞으로 나와 인터셉트intercept하여 볼을 빼앗은 후 볼 소유권을 빠르게 가져가는 형태의 훈련이다. 수비수들은 두 개의 조(수비조, 패스조)로 나뉜다. 두 명의 수비수(1, 2)는 마네킹으로부터 5m 뒤에 있는 콘에서 시작한다. 두 명의 패서들은 마네킹으로부터 10m 앞쪽에 위치하며, 서버는 중앙에 있는 미니 골대 바로 뒤에서 공과 함께 진행한다. 시작 신호에 맞춰 서버가 3번 또는 4번 선수에게 패스를 하며 훈련이 시작된다. 한 명의 수비수는 3번 또는 4번 선수 앞에 위치한 마네킹으로 바로 달려간다. 3번 또는 4번 선수는 공을 받은 후 자기 앞에 위치한 마네킹을 맞히기 위해 패스를 한다. 수비수는 마네킹 앞으로 나와 첫 번째 터치에 공을 가로채고 두 번째 터치에 미니 골대에 패스를 한다. 수비수가 자신의 위치로 돌아가면 서버는 바로 2번 수비수를 위해 훈련을 재개한다(그림 2-3).

코칭 포인트

- 볼이 어디로 진행되는지 확인한다.
- 볼 앞으로 이동한다.
- 볼 경합에서 승리하되 발밑에 잡아둔다.
- 중앙 미드필더 발밑으로 패스한다(미니 골대 활용).

공중 볼과 대각선 패스로 다양하게 변화시킬 수 있다. 공중으로 볼이 오면 수비수들은 헤딩을 하거나 가슴으로 볼을 컨트롤하여 미니 골대에 연결을 시도한다. 난이도를 높여 중앙의 서버가 대각선으로 패스하여 두 개의 마네킹을 맞힐 수도 있다. 수비수들은 두 방향의 패스를 예측하여 도중 차단을 시도한다.

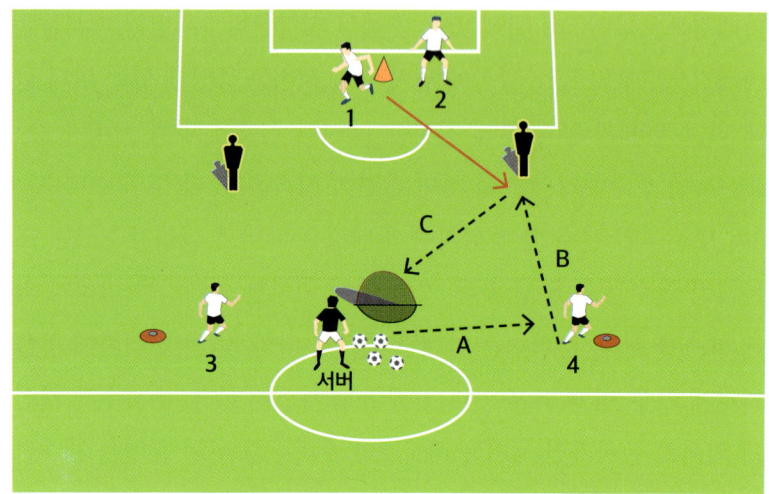

그림 2-3 중앙 수비수의 인터셉트 훈련

(3) 볼 소유 & 전방 패스 훈련

만일 중앙 수비수가 볼을 잡았을 때 불안해하거나 좋은 패스를 할 수 없다면, 그 선수들은 팀에 큰 타격을 줄 수 있다. 상대팀이 중앙 수비수들을 괴롭히는 방법이 두 가지 있다. 첫 번째는 곧바로 강한 프레싱을 하는 방법이고, 다른 하나는 중앙 수비수들에게 충분한 시간과 공간을 주어 그들의 패스를 가로채는 방법이다.

이 훈련은 중앙 수비수들이 후방에서 나와 볼을 차단당할 수 있는 위험을 무릅쓰고 미드필더 지역으로 좋은 패스를 하는 훈련이다. 이 훈련은 두 명의 중앙 수비수와 미드필더 지역에서 차단자의 역할을 하는 두 명의 선수로 구성된다. 맞은편 하프 라인 안쪽에서 10m에 두 개의 미니 골대를 위치시킨 상태에서 훈련을 진행한다. 차단자들은 각자의 콘에서 훈련을 시작하는데, 중앙 수비수들이 연결하려는 공을 차단해야 한다. 대신 중앙 수비수들이 위치한 진영으로 들어갈 수는 없다.

훈련은 두 명의 중앙 수비수가 뒤로 패스를 하며 시작된다. 두 명의 중앙 수비수는 반드시 첫 번째 터치에는 앞으로 전진해야 하고, 그다음에는 후방 대각선으로 파트너에게 패스를 한다. 패스 후에는 뒤로 물러나서 새로운 패스각을 파트너에게 만들어 줘야 한다. 이러한 패스 패턴은 모든 중앙 수비수에게 아주 중요하다. 이는 중앙 수비수 사이에는 평행이나 전진 패스가 없다는 뜻이다. 이 두 패스 모두 볼을 점유하고 있는 팀에게는 재앙과도 같다(그림 2-4).

이 패스가 이루어지는 동안 차단자들은 자신의 콘에서 기다리면 된다. 대략 30~45초 이후 코치의 사인에 맞춰 다음 패스를 받은 중앙 수비수(B)는 하프 라인으로 전속력으로 드리블한다. 두세 번의 터치 이후 수비수는 자기 앞에 있는 골대에 패스를 시도해야 한다. 같은 신호에 볼을 가진 수비수의 반대편 차단자(C)는 전속력으로 달려가 수비수의 패스를 차단한다. 수비수는 득점을 하면 포인트를 얻고, 차단자는 패스를 막으면 포인트를 얻는다(그림 2-5).

코칭 포인트

- 차단자는 볼을 소유하고 있는 수비수에게 두 가지 방법으로 도전 과제를 줄 수 있다.
  ① 얼마나 빠르게 드리블로 전진할 수 있는가.
  ② 압박 속에서 패스의 속도와 정확성 : 되도록 패스는 강하고 정확하게 연결하라고 강조하고 격려하는 것이 선수들의 훈련 목적을 이해시키고 분위기를 조성하는 데 도움을 줄 수 있다.

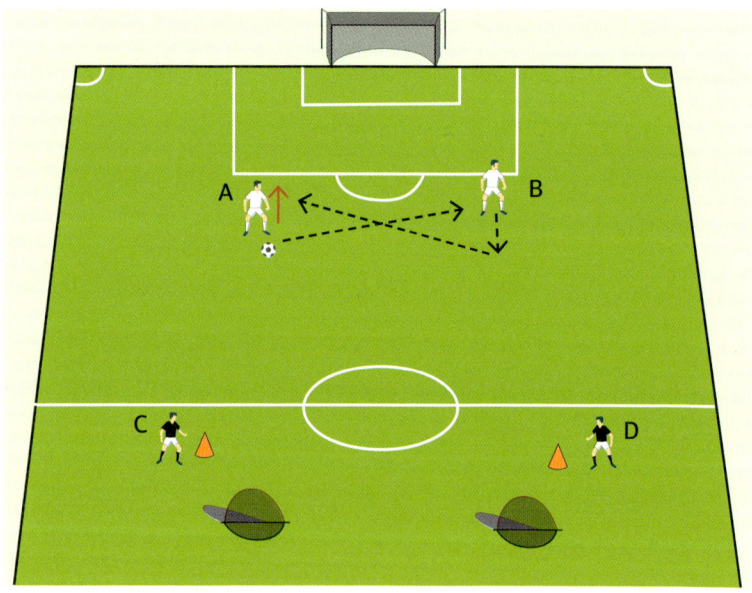

그림 2-4 중앙 수비수의 볼 소유 & 전방 패스 훈련

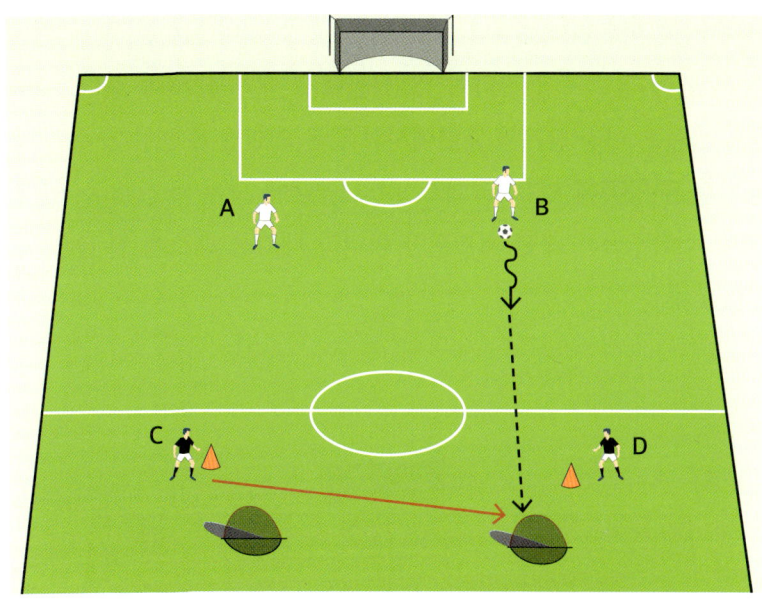

그림 2-5 중앙 수비수의 볼 소유 & 전방 패스 훈련

    수비형 미드필더와 함께 한 단계 높은 심화 과정의 훈련으로 변화도 가능하다. 중앙 수비수들은 수비형 미드필더와 함께 삼각 패스를 주고받으며 훈련을 진행한다. 이 세 명의 선수들은 서로 예측 가능한 패스를 주고받아서는 안 된다. 지도자의 신호에 맞춰 볼을 가지고 있는 선수는 반드시 수비형 미드필더를 거쳐 반대편에 있는 중앙 수비수에게 빠르게 볼을 전달해야 한다.

수비형 미드필더로부터 볼을 받은 중앙 수비수(A)는 한두 번의 터치 안에 앞으로 전진하여 미니 골대로 패스를 해야 한다. 이때 차단자들은 이전 단계의 훈련에서와 같은 역할을 수행한다. 중앙 수비수들은 양쪽에 있는 두 개의 미니 골대에 모두 패스할 수 있다. 중앙 수비수들은 직선 패스뿐만 아니라 대각선 패스를 할 수 있다 (그림 2-6).

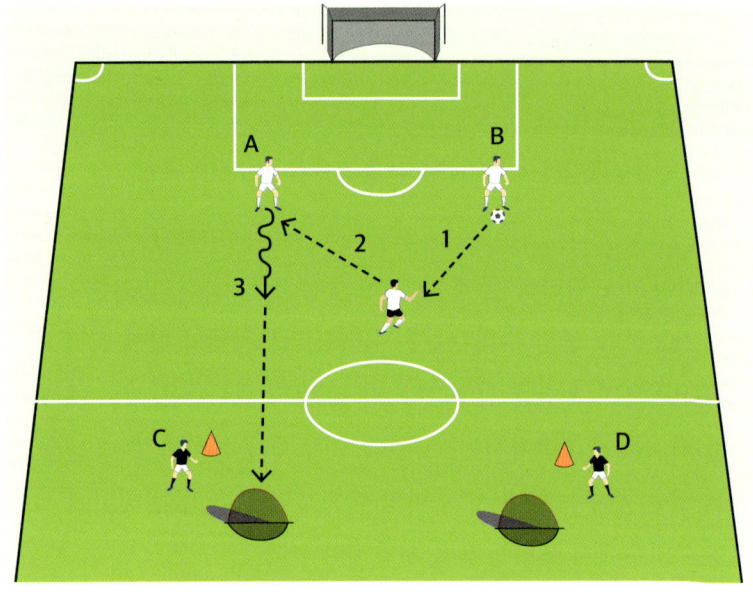

그림 2-6 중앙 수비수의 볼 소유 & 전방 패스 훈련

(4) 압박 & 커버 훈련

수비는 선수 개인의 능력과 함께 팀으로서의 움직임이 중요하다. 수비에 대한 이해력이 좋을수록 빠르게 판단하고 서로를 도울 수 있다. 이 훈련은 압박 pressure과 커버 cover, 지원 support을 이해하는 것이 목표이다. 20×20m 크기로, 총 6명의 선수로 구성하고 그중 2명이 수비수, 나머지 4명은 공격수의 역할을 한다. 훈련장 중앙에는 5×5m 크기의 공간이 있고 마네킹을 세워 놓는다.

4명의 공격수는 최대 투터치로 콘의 바깥쪽에서 볼을 돌린다. 그리고 기회가 오면 콘 가운데에 있는 마네킹에게 패스하거나 맞히는 게 공격의 목적이다. 두 명의 수비수는 반드시 볼의 움직임에 맞춰 함께 움직여야 하며, 중앙으로 파고드는 패스를 막아야 한다. 2분 후 수비수들은 공격수들과 역할을 교대한다(그림 2-7).

코칭 포인트

- 압박의 각도, 공격수에 대한 접근, 볼의 위치에 따른 올바른 자세 및 각도 등을 고려한다.
- 수비수들은 반드시 자신의 파트너와 협력해야 하며, 높고 강한 집중력이 요구된다.
- 수비수들은 항상 연결되어 있어야 하며, 같이 짝을 이루어 플레이해야 하는 만큼 말을 많이 하며 소통하는 것이 매우 중요하다.
- 중앙 수비수들은 반드시 함께 효율적으로 움직여야 한다. 첫 번째 중앙 수비수가 강하게 압박을 하는 것과 동시에 두 번째 중앙 수비수는 커버와 지원을 한다.

- 수비수들은 항상 볼을 가로챌 준비를 하고 있어야 한다. 공격수의 몸 동작을 단서로 하여 예측하고 준비한다.

경쟁적인 요소를 추가하기 위해 수비수와 공격수를 각각 한 명씩 사각형 안에 더 추가하여 진행할 수도 있다. 이전과 같은 규칙을 적용하지만 공격팀은 중앙에 있는 새로 추가된 선수에게도 패스를 할 수 있다.

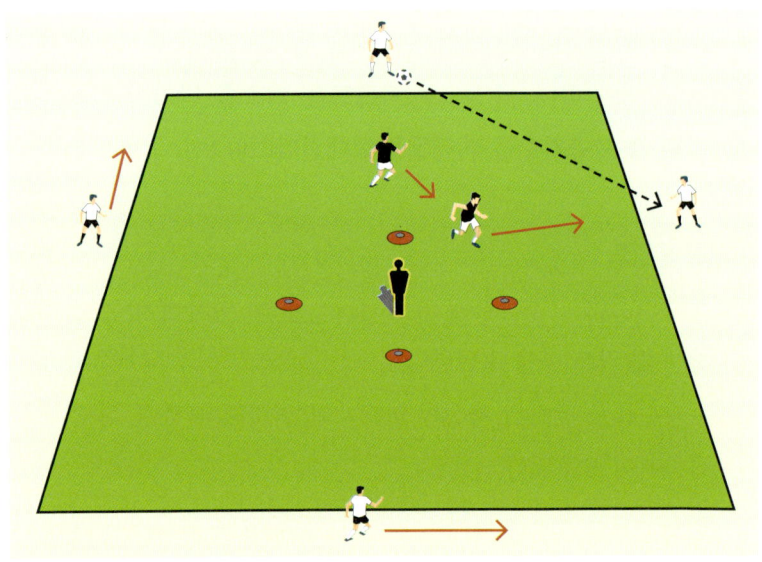

그림 2-7 중앙 수비수의 압박 & 커버 훈련

(5) 1대1 수비 훈련

견고한 1대1 수비 능력은 중앙 수비수에게 반드시 필요하고 핵심적인 요구사항이다. 1대1 수비 훈련은 15×15m 공간에서 이루어지며, 중앙에는 5×5m의 득점 지역이 존재한다. 5명의 선수로 훈련이 진행되고, 4명의 공격수 그리고 한 명의 수비수로 이루어진다. 각각의 공격수들은 볼을 갖는다.

공격수들은 1번에서 4번까지 번호가 부여되고 각자의 엔드라인에서 시작한다. 한 명의 공격수가 드리블을 통해 득점 지역을 지나가면 포인트를 얻는다. 공격수들은 번호가 호명되면 공격을 시작한다. 수비수들은 공격수의 볼을 차단하거나 득점 지역 밖으로 공격수를 밀어내면 포인트를 얻는다. 수비수가 공격수의 볼을 터치하게 되면 공격수는 지는 것이다. 공격수가 반대편 엔드라인을 통과하게 될 경우 다음 공격수가 들어올 수 있으며, 수비수는 바로 돌아서서 움직임을 반복해야 한다. 수비수는 2분 간격으로 교대한다(그림 2-8).

코칭 포인트
- 수비수는 볼을 차단하고 중앙으로 침투하는 것을 막아야 한다.
- 속도와 접근 각도는 수비적으로 매우 중요하다. 공격수들의 플레이를 지연해야 한다.
- 수비수의 자세는 낮아야 하고 발끝에 무게중심을 두어야 한다. 또한 긴 볼터치나 실수에 달려들 준비가 되어 있어야 한다.
- 1대1 상황에서 타이밍은 매우 중요하다. 수비수는 볼을 쟁취하기 위해 적절한 때를 기다려야 한다. 인내심은 중요한 역할을 한다.

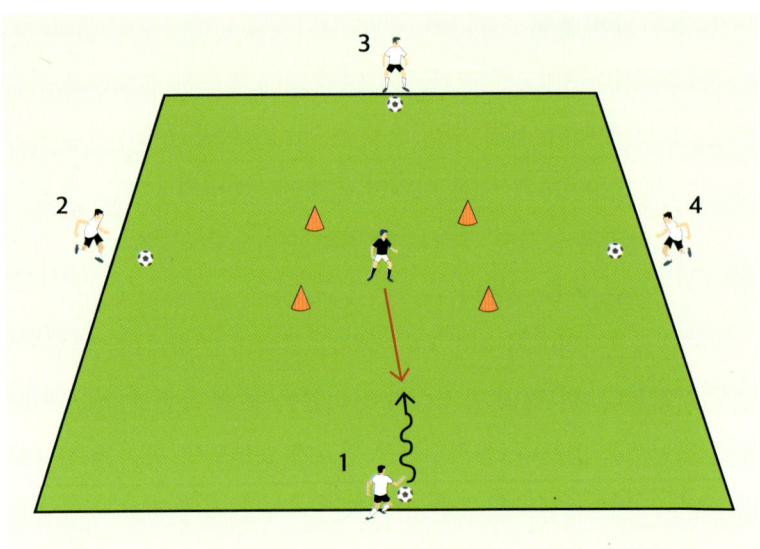

그림 2-8 중앙 수비수의 1대1 수비 훈련

(6) 1대1 임기응변 훈련

경기 중 수비수들은 다양한 상황에 직면하게 된다. 이 훈련은 다양한 상황에서 임기응변의 수비 능력을 향상시키는 것이 목표이다. 15×15m 그리드를 네 개 설치하고 각각의 그리드에 공격수와 수비수를 위치시킨다. 서버와 코치도 나란히 배치한다. 활동에 따라 그리드마다 한두 개의 콘을 설치한다. 수비수는 검정색 상의를 착용하고 공격수는 흰색 상의를 착용한다. 수비수들은 2분간 역할을 수행한 후 다음 상황으로 넘어가고 공격수들은 항상 그 위치에 남는다 (그림 2-9).

① 수비수는 공격수에게 볼을 패스한 후 수비를 하러 접근한다. 공격수에게는 두 개의 선택지가 있다. 정면에 있는 콘을 통과하거나 우측에 있는 콘을 통과하면 된다. 수비수는 자신의 기준으로 좌측 또는 후방을 수비해야 한다.
② 수비수는 공격수에게 볼을 패스한 후 수비를 하러 접근한다. 공격수는 자신의 좌측으로 공격을 할 수도 있고 정면으로 공격을 할 수도 있다. 수비수는 자신의 우측을 수비하기도 하며 후방 또한 막아야 한다.
③ 수비수는 공격수에게 횡패스를 하고 최대한 빠르게 수비를 한다. 공격수는 바로 앞에 있는 게이트를 통과하면 되고, 수비수는 수비 위치로 최대한 빠르게 복귀한다.
④ 공격수와 수비수는 코치 혹은 서버를 가운데에 두고 나란히 위치한다. 코치는 앞쪽 공간으로 볼을 패스하고 수비는 공격수가 전방으로 드리블하여 득점하지 못하도록 공격수를 재빨리 막아야 한다.

코칭 포인트

- 각각의 훈련은 수비수들이 최대한 빠르게 공간을 막는 것이 목표이다. 첫 3m가 성공과 실패의 차이를 결정한다. 첫 패스가 가는 중에 수비수는 반드시 공간을 막아서야 한다.
- 수비수의 자세와 위치가 각각의 활동에서 매우 중요하다. 수비수들은 어떤 공간을 막아서야 하며, 따라서 어떠한 변화를 만들어야 하는지 이해하고 움직여야 한다.

- 피로가 수비의 질적인 면에 영향을 줄 수 있다. 선수들은 반드시 피로하거나 힘든 상황에서 수비를 하는 것의 중요성을 인지해야 한다.

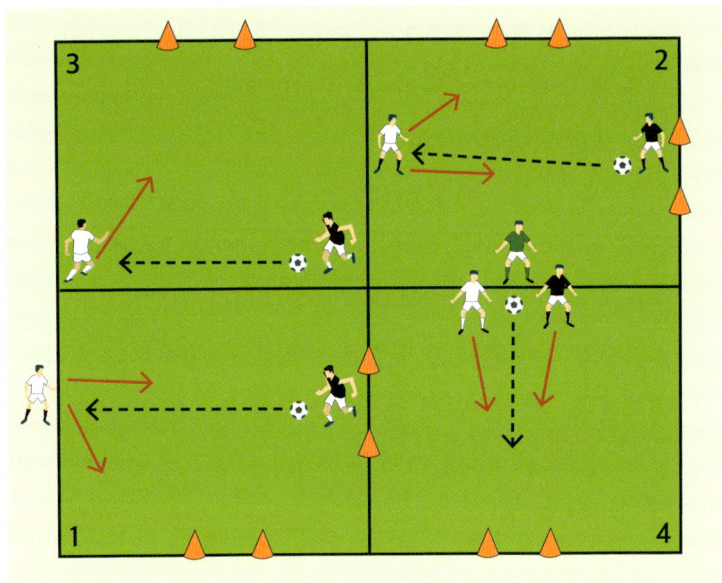

그림 2-9 중앙 수비수의 1대1 임기응변 훈련

(7) 수적 열세의 수비 훈련

2명의 중앙 수비수가 한 팀으로 다양한 공격수 조합의 공격을 방어하는 수비 훈련이다. 훈련은 6명의 공격수와 2명의 수비수 그리고 한 명의 골키퍼로 구성된다. 경기장 크기는 길이 30×18m의 크기로 구성하되 선수들의 실력과 체력에 따라 변할 수 있다. 공격수들은 한 명의 그룹, 두 명의 그룹, 세 명의 그룹으로 구성되고 세트당 한 개의 볼을 갖는다.

처음 시작하는 공격수는 드리블을 하여 1대2 상황을 맞게 된다. 이후 볼이 밖으로 나가게 되면 다음 두 명의 공격수가 투입되어 2대2 상황이 된다. 그 이후 세트에서는 세 명의 공격수가 들어와 3대2 상황을 만든다. 두 명의 중앙 수비수가 수비수가 많은 상황, 공격수가 많은 상황 그리고 균형 잡힌 상황 등의 수비를 경험하게 하는 것이다(그림 2-10).

> 코칭 포인트
> - 수비수가 더 많은 상황에서 중앙 수비수들은 좀 더 과감하게 압박하고 볼을 쟁취할 수 있다. 그러나 상대 공격수가 더 많은 상황에서의 목표는 과감하게 볼을 쟁취하는 것보다는 지연하고 공격을 차단하는 것이 되어야 한다.
> - 상대의 공격 상황에서 수비수들은 '압박-커버-지원'을 연습해야 하며, 한 팀으로 움직여야 한다.
> - 지원 거리는 수비적으로 핵심이 되어야 한다. 특히 수적으로 우위에 있을 때 상대 공격수들은 공간을 펼쳐 나가기 때문에 수비의 지원 거리는 매우 중요하다.

- 소통이 잘 이루어져야 한다. 특히 훈련이 빠르게 전환될 때에는 서로 지시하는 내용이 반드시 간결하고 명확해야 한다.
- 골키퍼의 역할에도 집중해야 한다. 골키퍼, 두 명의 중앙 수비수가 슈팅을 허용하지 않겠다는 정신력과 함께 한 팀처럼 움직이며 수비를 할 수 있어야 한다.

그림 2-10 중앙 수비수의 수적 열세일 때의 수비 훈련

선수의 기량과 체력 수준에 따라 다음과 같이 변화를 줄 수 있다.
- 각각의 공격수마다 세 개의 다른 시작 포인트를 갖는다. 이 방법을 통해 수비수들은 빠르게 다음 공격을 대비하는 훈련을 할 수 있다.

- 지도자는 각각의 공격 세트에 세컨드 볼을 부여하여 훈련에 변화 요소를 추가한다. 공격수들은 빠른 재개re-start를 통해 좀 더 많은 슈팅 기회를 만들 수 있다.
- 모든 공격수가 각자 볼을 하나씩 가지고 공격을 한다. 공격이 끝나면 공격수는 필드에 남고 다음 공격수가 투입된다. 따라서 훈련은 1대2, 2대2, 3대2, 4대2, 5대2, 6대2로 변한다. 상대 공격의 수적 우위에서 수비하는 상황을 훈련하고 경험할 수 있다(그림 2-11).

그림 2-11 중앙 수비수의 수적 열세일 때의 수비 훈련

(8) 2+1 vs 2 수비 훈련

수비수의 포지션별 트레이닝을 할 때 가장 좋은 방법은 양쪽 골문을 활용한 공격과 수비를 병행하는 미니 게임 형태의 훈련이다. 훈련은 각 팀당 두 명의 선수와 한 명의 골키퍼, 그리고 중앙에 위치한 한 명의 중립 선수로 구성된다. 중립 선수는 언제나 볼을 소유하고 있는 공격팀의 팀원이 되어 3대2 상황을 만든다(그림 2-12).

코칭 포인트
- 상대 공격수가 많은 상황에서 수비수는 언제 압박을 해야 할지 고민하게 된다. 수비적인 측면에서 가장 모험적이어야 할 좋은 타이밍은 공격수가 터치를 길게 할 때, 또는 자신들의 골대를 향해 등지고 있을 때이다.
- 만약 수비수가 볼을 빼앗았을 때에는 빠르게 주위를 살피고 역습을 전개한다.
- 수비는 팀으로 훈련을 해야 하며, 공격수들이 슈팅 가능한 지역으로 들어왔을 때 신체의 모든 부위를 활용하여 슈팅을 막아낼 준비를 해야 한다.

공격의 패스 횟수와 공격 시간 등을 제한하여 훈련에 변화를 줄 수 있고 훈련 강도를 높일 수 있다.
- 공격수들은 반드시 5회의 패스 이내에 슈팅 시도를 해야 한다. 이를 통해 수비수들이 상대의 플레이를 지연하는 것을 장려할 수 있다.

- 공격수들은 10초 이내에 슈팅 시도를 해야 한다. 이 또한 상대 플레이 지연에 의미를 부여하며 또한 빠른 공격을 유도할 수 있다.

그림 2-12 중앙 수비수의 2+1 vs 2 수비 훈련

2. 측면 수비수

공격적인 측면 수비수(풀백)는 새롭게 등장한 현상이 아니라 수년간 발전해 왔다. 필립 람, 마르셀루 비에이라, 브루노 알베스 등 공격적인 풀백들은 새로운 포지션으로 발전해 왔는데, 특히 측면에서의 공격력 강화를 위해 반드시 필요한 선수가 되었다. 또한 공격적인 풀백들을 막기 위해 상대의 수비 전술도 발전해 왔다. 유럽 챔피언스 리그에서 맨체스터 유나이티드는 상대의 공격적인 풀백들에 대응하기 위해 박지성과 대니 웰백을 수비적으로 기용하기도 했다. 이처럼 현대 축구에서 풀백은 더욱 위협적으로 변모했으며, 풀백 포지션 선수의 기량을 발전시키는 것은 팀에 큰 장점이 되었다.

그러나 풀백은 성장시키기 쉽지 않은 포지션이다. 지도자들이 직면하게 되는 몇 가지 어려움이 있다.

균형을 가장 먼저 생각해야 한다.

두 명의 비슷한 성향의 공격적인 풀백을 기용할 수도 있고, 정반대로 기용할 수도 있다. 팀 공격과 수비의 균형을 생각하여 결정해야 한다.

수비수와의 효율적인 관계가 형성되지 않는다면 풀백들은 간접적으로 팀을 약화시킬 수 있다.

풀백들은 반드시 공격수와 중앙 수비수들을 보완해 주는 역할을 해야 한다. 이를 위해서는 동료 수비수의 움직임 패턴을 이해해야 하며, 전술적인 지능도 필요하다.

풀백 포지션이 요구하는 경이적인 요구에 부응할 수 있도록 훈련한다.
지도자의 아주 큰 도전이 될 것이다. 공격적인 풀백은 수비를 해야 하며, 수비적인 풀백은 공격을 해야만 한다. 이제 풀백은 공격과 수비 모두를 요구하는 포지션이 되었기 때문이다.

1) 풀백 포지션의 전술적 변화

지난 10년간 풀백의 수비적 배경과 전술은 계속 변화해 왔다. 이전에는 윙들이 볼을 소유하고 있을 때 풀백의 역할은 공격수들이 주로 사용하지 않는 발이 위치한 방향으로 몰고 동료 수비의 지원으로 함께 차단하는 것이었다. 윙어의 역할도 진화해 왔다. 오른발잡이 윙어는 왼쪽에서 플레이하고 왼발잡이 윙어는 오른쪽에서 플레이하는데, 만약 풀백들이 안쪽에서 공간을 윙어에게 허용한다면 팀에는 손해를 입히게 된다.

〈그림 2-13〉과 같이 로벤, 디 마리아, 아자르 그리고 메시와 같이 안쪽으로 파고드는 플레이를 선호하고 골문 구석으로 슛을 하는 선수들을 볼 수 있다. 이런 상황에서 풀백들은 팀의 골키퍼가 골문 양쪽 모두에서 취약하게끔 만든다. 풀백들은 1대1 상황에서 무너지지 않았음에도 불구하고 공격수들에게 안쪽을 허용함으로써 팀을 위기로 몰아넣는다.

그림 2-13 풀백의 안쪽 허용

이때 풀백은 어떤 선택을 해야 할 것인가? 그것은 풀백의 마음가짐에 달려 있다. 수비할 때 어느 하나를 포기해야 한다는 점을 명심해야 한다. 전방, 후방, 안쪽 혹은 바깥쪽을 허용할 수도 있다. 그것이 경기의 현실이다. 따라서 풀백으로서 바깥쪽 라인을 내주는 게 나을 수도 있지만, 동시에 잠재적인 어려움에 처할 수도 있다. 만약 풀백이 안쪽이 아닌 바깥쪽 라인을 공격수에게 내준다면 서로 지원과 커버하는 부분에서 취약해질 수밖에 없다.

반대로 골키퍼의 경우 〈그림 2-14〉와 같이 가까운 포스트를 방어하는 게 수월하기 때문에 풀백이 바깥쪽 라인을 내주는 게 좋을 수 있다. 풀백이 공격수에게 안쪽을 내주는 경우, 1대1 상황에서 무너질 상황도 없고 지원하기도 훨씬 수월하지만 실점을 하게 될 가능성이 크기 때문이다. 그러므로 지도자는 풀백들과 함께 이러한 경기 상황에 대비하는 훈련을 해야 한다.

그림 2-14 풀백의 바깥쪽 허용

2) 풀백이 갖춰야 할 주요 요인

창의적인 풀백은 공격적인 전술 구사를 위해서 매우 중요하다. 오늘날의 풀백은 마치 후방에서 플레이하는 미드필더 또는 윙어와 같다. 그들은 볼을 소유하고 있을 때 공격의 출발점으로 여겨진다. 풀백으로서 갖춰야 할 기술적·체력적·전술적·정신적 주요 요인은 다음과 같다. 〈그림 2-15〉의 풀백의 프로필 요인 그래프를 이용하면 선수들의 장단점을 쉽게 비교할 수 있고 개선해야 할 요인 등도 파악하여 훈련 비중 및 시간을 조정하는 자료로 활용할 수 있다.

(1) 기술적 요인
- 1대1 상황에서 견고한 수비력
- 빠른 드리블과 상대 돌파 능력
- 팀 동료가 볼을 소유하고 있을 때 지원할 수 있는 위치의 각도 형성

- 패싱(롱 패스 & 숏 패스)
- 압박 속에서 볼 받기 & 컨트롤
- 공격 지역에서의 정확한 패스와 크로스 제공
- 공중볼 경합 능력과 바깥쪽 골대 방어 능력

(2) 체력적 요인

- 반복되는 높은 강도의 스프린트
- 높은 수준의 유산소 및 무산소 지구력
- 상대 공격수의 첫 터치 시 빠른 압박을 위한 스피드
- 볼 소유 시 빠른 공수 전환
- 수비 상황에서의 효과적인 몸싸움을 위한 근력과 파워
- 슈팅과 크로스 블록을 위한 용기

(3) 전술적 요인

- 지원과 커버
- 거리감에 대한 이해(압박할 때와 떨어질 때, 그리고 위치를 변경할 때)
- 공격 참여를 위한 상황 판단(공격 가담 기회와 순간에 대한 이해)
- 협력을 위해 미드필더 찾기(시야)
- 경기장을 최대한 넓게 활용하는 능력

(4) 정신적 요인

- 본인 혹은 동료의 실수로부터의 빠른 회복
- 전진하려는 욕구(공격 가담)

풀백 프로필 요인

기술적 요인
1. 1대1 상황
2. 크로싱 능력
3. 패싱
4. 드리블

정신적 요인
1. 집중력
2. 소통
3. 판단력
4. 전진 욕구

체력적 요인
1. 유산소성 지구력
2. 근력
3. 스피드
4. 용기

전술적 요인
1. 인지
2. 상황 판단
3. 미드필더와 협업
4. 지원 & 커버

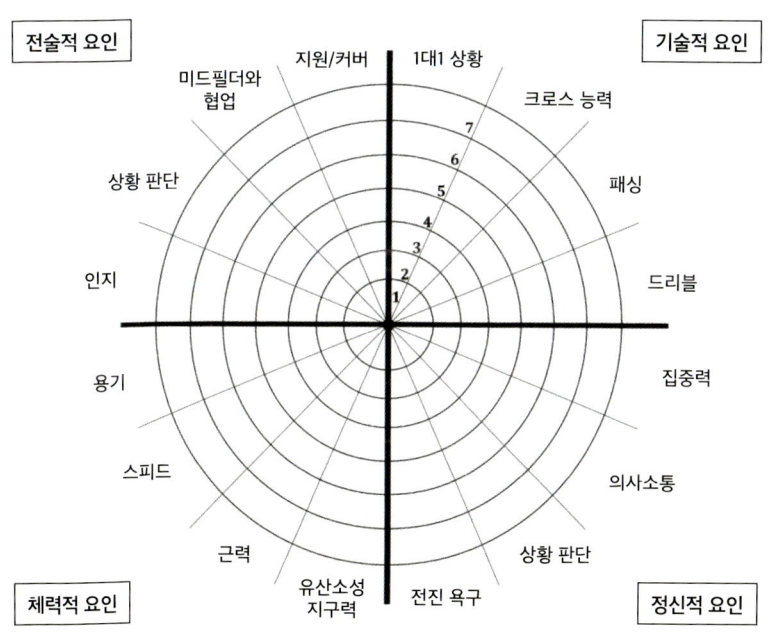

그림 2-15 풀백 프로필 요인

- 집중력
- 투쟁심
- 상황 판단 & 결정 (상대에게 안쪽을 내주는 것과 바깥쪽을 내주는 것 등)
- 중앙 수비수, 미드필더들과의 효율적인 소통

풀백이란 포지션은 독특한 포지션이다. 다른 포지션과 달리, 많은 선수들이 18세 이후에 풀백이라는 포지션에 전문적으로 들어선다. 많은 공격수들이 풀백으로 전환하는데, 경기의 기본 경험이 없다. 그러나 견고한 기초 없이는 수비에 필요한 기본기를 습득할 수 없으며, 수비적인 본능 또한 발전할 기회를 얻지 못한다. 대부분의 풀백은 경기를 통해 배운다. 경기와 연관되고 세밀한 풀백 포지션별 전문 훈련만이 풀백으로서 필요한 능력을 갖추게 만들 수 있다는 사실을 기억해야 한다.

다음은 잉글랜드 프리미어 리그 웨스트햄 유나이티드 팀이 풀백 육성을 위해 제시한 12~14세, 15~16세, 그리고 프로선수 17~21세의 연령별 기술적·전술적 주요 능력 요인을 나타낸 것이다.

표 2-4 풀백 육성을 위한 12~14세 선수의 기술적·전술적 주요 능력 요인

12~14세 풀백 선수 – 자립 단계	
기술적 요인	전술적 요인
• 1대1 수비 상황에서의 접근, 거리, 자세, 판단(태클, 지연, 블로킹, 차단), 접촉 종류에 대한 기본적인 이해 • 양발과 몸의 모든 면을 이용하여 볼을 패스하고 받는 능력 • 움직이면서 패스를 하려는 시도 • 헤딩 시 적절한 타이밍과 방향을 선정 • 빠른 속도로 드리블하는 능력 • 압박 시에도 볼을 간수하며 다양한 터닝 테크닉으로 방향 전환 • 양발의 모든 면과 다양한 테크닉으로 볼을 크로스 혹은 마무리	• 중원과 상대 위험 지역에서 공격에 참여하는 기회 물색 • 중원과 상대 위험 지역 사이드에서 수적 우위를 창출해 내는 이해도 • 동료를 지원하는 위치 선정 능력 (볼이 앞에 있거나 뒤에 있을 때) • 포지셔닝에 대한 기본적인 이해 (물러나기, 바짝 붙기, 압박하기, 둘러싸기) • 볼이 없는 상황에서 1, 5, 4, 7번 또는 1, 6, 8, 11번 포지션 팀원과 지속적으로 연계 • 볼 점유 상황에서 1, 5, 4, 7, 10번 또는 1, 6, 8, 10, 11번 포지션의 팀원들과 지속적으로 연계하는 능력

표 2-5 풀백 육성을 위한 15~16세 선수의 기술적·전술적 주요 능력 요인

15~16세 풀백 선수- 졸업 단계	
기술적 요인	전술적 요인
• 양발의 다양한 면을 사용하여 성공적인 숏 패스와 롱 패스 구사 • 두 발로 다양한 테크닉을 사용하여 질 좋은 크로스 연결 • 볼을 발의 모든 면과 몸의 모든 부위를 이용하여 받을 수 있는 능력 • 움직이며 볼을 받을 수 있도록 시도(땅볼과 공중볼) • 좁은 공간에서도 공간이 생기는 방향으로 볼을 터치하는 능력 • 원터치로 전진 패스를 구사하는 능력 • 높이를 점유하며, 정확한 패스를 하는 수비적 헤딩을 위한 테크닉 구사 • 상황에 따라 효과적으로 1대1 방어 (태클, 지연, 블로킹, 차단 및 다양한 종류의 접촉)	• 중원과 상대 위험 지역 사이드에서 수적 우위를 창출해 내는 이해도 • 볼 소유 시 정확한 판단을 위해 공간을 이해하는 능력 • 볼을 향한 거리와 압박에 따라서 커버플레이를 위한 센터백과의 간격 유지 • 전방 침투 패스(발밑 혹은 공간) 타이밍을 읽는 이해도 • 상대 선수를 밀착 마크할지, 또는 처진 채 공간을 수비할지에 대한 상황 선별 • 볼이 없는 상황에서 모든 팀원들과 지속적으로 연계 • 볼 점유 상황에서 1, 4, 5, 6, 7, 8, 9, 10, 11번 포지션의 팀원들과 지속적으로 연계

표 2-6 풀백 육성을 위한 17~21세 선수의 기술적·전술적 주요 능력 요인

17~21세 풀백 선수 – 프로 전환 단계	
기술적 요인	전술적 요인
• 공격 상황에서 1대1 돌파를 위한 개인 기량과 창의성 • 압박을 벗어나 뒤쪽 라인 및 공간으로 볼을 보낼 수 있는 기술적 능력 • 다양한 테크닉으로 정확한 크로스 전달(칩샷, 컷백, 킥, 감아차기) • 압박이 적은 상황에서 공중볼을 헤딩으로 동료에게 패스 연결 • 다양한 원터치 테크닉으로 효과적인 숏 패스와 롱 패스 구사 • 빠른 무게중심 이동과 발의 움직임으로 상대 드리블러를 마크하며 슈팅 및 크로스 차단 • 상대 선수와 1대1 상황 시 지능적인 수비(공간 열어 주기, 긴 터치 유도 등)로 볼 소유권 회복	• 팀의 대형 및 상대팀 특성을 분석하여 안쪽 또는 바깥쪽 공간을 열어 주는 것을 결정하는 능력 • 상대 선수를 밀착 마크할지, 또는 처진 채 공간을 수비할지 결정하는 능력 • 볼 소유권 전환 시 빠르게 반응하여 공격 참여 또는 수비 위치 선정 • 어느 상황에서 전방 압박을 하며, 또 어떤 강도로 하는지에 대한 이해도 • 올바른 타이밍에 침투를 하여 순간적인 1대1 또는 2대1 상황 창출 • 빠른 오버래핑 및 언더래핑 침투로 2대1 상황 창출 • 반대 사이드에서 크로스가 들어올 때 올바른 타이밍의 침투로 세컨드 볼 획득 및 먼 포스트에서 공격 전개

3) 트레이닝 프로그램

(1) 풀백의 패스 & 고(pass & go) 훈련

패스 & 고 훈련은 세 명씩 구성된 두 개의 팀과 중앙에 위치한 한 명의 타깃맨(코치가 될 수 있음)으로 구성된다. 15m 떨어진 곳에 두 개의 미니 골대를 놓으며, 이 거리는 선수들의 수준에 따라 달라질 수 있다. 훈련은 흰색 유니폼의 선수가 타깃맨에게 패스를 하며 시작된다(1). 이후 타깃맨으로부터 리턴을 받은 후(2) 미니 골대로 패스를 한다(3). 미니 골대로 패스 후 바로 첫 번째 콘으로부터 10m 떨어진 콘으로 빠르게 질주한다. 콘에 도착하여 발 또는 손으로 콘을 터치한다. 이후 다음 단계를 위해 수비 역할로 전환한다.

흰색 유니폼의 선수가 미니 골대로 패스하는 것으로 검정 유니폼 선수의 훈련이 시작된다. 똑같이 타깃맨에게 패스 후 접근하여 미니 골대로 패스를 한다. 마찬가지로 검정색 유니폼의 선수도 미니 골대로 패스 후 콘으로 달려가 터치한 후 흰색 팀을 상대로 수비 역할을 한다(그림 2-16 a, b).

코칭 포인트
- 패스를 하고 접근하는 동작은 실제 경기와 같은 속도로 한다. 선수들의 반응은 최대한 빠르게 수행되어야 하며, 패스 이후에는 가속을 높여야 한다.
- 패스 후의 수비 전환은 빠른 반응에 달려 있다. 매 초가 중요하다.
- 선수들이 그들의 패스를 그저 바라보고 있게 하지 말고 모든

동작 이후 자동적으로 '다음에 무엇을 해야 하는가'를 생각하게끔 독려한다.
- 훈련의 강도가 높아짐에 따라, 그리고 선수들이 빠르게 수비 위치로 복귀해야 한다는 점을 인지함에 따라 패스의 강도와 정확성이 높아지게 될 것이다.
- 상대의 공격을 막는 기술에도 집중해야 한다. 선수들은 상대의 패스를 막기 위해 왼발도 사용해야 한다.

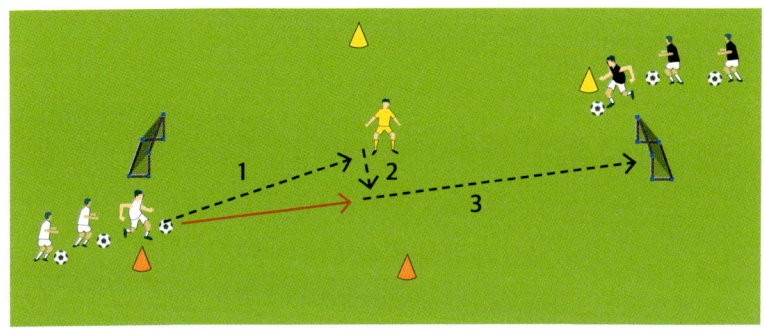

그림 2-16(a) 풀백의 패스 & 고 훈련

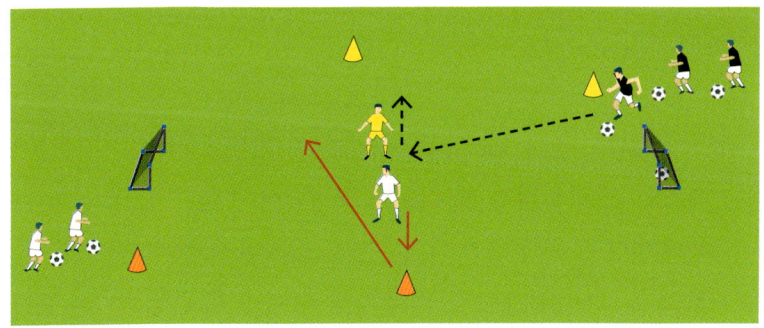

그림 2-16(b) 풀백의 패스 & 고 훈련

(2) 풀백의 퍼스트 터치 & 패스 훈련

훈련은 두 명의 풀백으로 구성된다. 흰색 유니폼의 레프트백, 검정색 유니폼의 라이트백, 그리고 두 명의 서버도 함께한다. 중앙과 끝에 한 명씩 위치한다. 필드의 크기는 선수들의 능력에 따라 조절할 수 있다. 파트 1과 파트 2 두 가지 훈련이 있다(그림 2-17).

파트 1: 서버 1이 풀백에게 패스를 하고 풀백은 한 번의 터치로 컨트롤 후 사이드에 있는 세 개의 콘 중 한 개의 콘에 패스를 한다. 패스의 정확성 향상을 목표로 콘을 맞혀 쓰러뜨리는 것이다.

파트 2: 패스를 하자마자 풀백은 서버 2가 있는 곳까지 전력 질주하여 공중으로 볼을 받고 발리로 다시 패스를 한다. 그리고 바로 자신의 원래 위치로 빠르게 돌아간다.

첫 번째 풀백이 파트 1을 끝내자마자 두 번째 풀백이 시작하고 훈련을 계속한다. 세 개의 콘을 먼저 모두 쓰러뜨리는 것으로 경쟁할 수 있다.

코칭 포인트
- 패스의 선택에 따라 첫 터치가 조정되어야 한다. 만약 볼이 풀백의 발에 붙어 있다면 패스는 매우 어려워질 것이다.
- 훈련 중, 패스의 질 또는 훈련 강도 등 가장 먼저 떨어지는 요인은 어떤 것인가? 이러한 질문은 선수들을 냉정하고 정확하게

평가할 수 있게 해줄 것이다.
- 파트 2 훈련을 할 때도 선수들이 계속해서 높은 수행 능력을 유지할 수 있게 한다.

선수의 능력에 따라 시간과 난이도를 조정할 수 있다.
- 각각의 선수들이 개인당 3분씩 훈련을 할 수 있다. 콘을 쓰러뜨릴 때마다 포인트를 얻는다. 이는 보다 높은 강도에서 훈련을 하도록 하며, 보다 높은 경쟁적인 요소를 더할 수 있다.

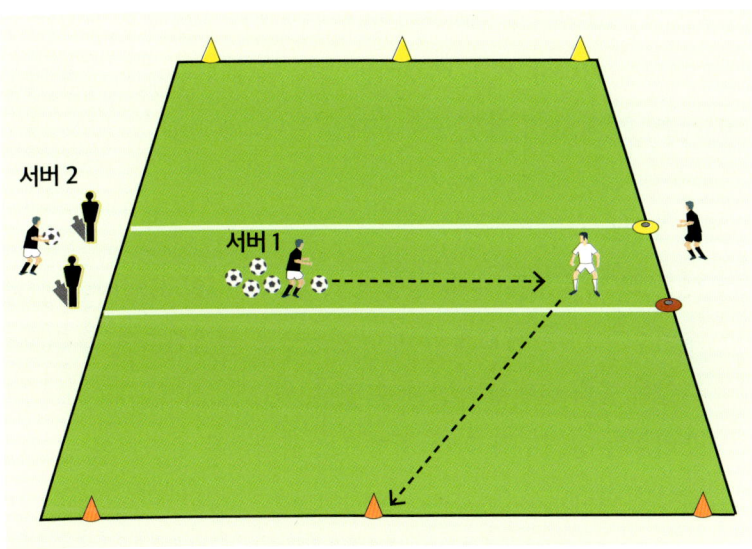

그림 2-17 풀백의 퍼스트 터치 & 패스 훈련

(3) 풀백의 1대1 상황 훈련

현대 축구의 풀백 포지션에서 많이 활용되는 1대1 수비 훈련으로, 빠르게 복귀하는 수비에서의 1대1 상황 훈련이다. 한 명의 수비수(흰색 유니폼), 한 명의 공격수(검정색 유니폼), 두 선수는 5m 간격을 두고 중앙에 위치한다. 크기는 15×20m이며, 반으로 나누어 각각의 엔드라인에 미니 골대를 둔다. 훈련장의 크기는 선수들의 기술 수준이나 체력적인 능력에 따라 조정될 수 있다.

훈련은 흰색 유니폼의 수비수가 검정색 유니폼의 공격수에게 패스를 하며 시작된다. 수비수는 패스를 하자마자 공격수가 처음에 위치하고 있던 포인트를 오버래핑한다. 공격수는 투터치 안에 반드시 하프 라인을 지나야 하고, 이후에는 양쪽 골대 모두에 득점이 가능하다. 다섯 번의 공격 이후 공수 교대를 한다(그림 2-18).

코칭 포인트

- 빠른 복귀 속도는 수비 성공의 가장 핵심적인 요인이다. 만약 수비수가 아주 빠르게 수비 포지션으로 복귀한다면 공격수의 다양한 공격 선택을 제한할 수 있다.
- 수비수는 공격수가 약한 방향으로 공격수를 유도하여 공격을 막아야 한다.
- 공격수는 득점할 수 있는 두 개의 골문을 선택할 수 있기 때문에 거리는 수비수들에게 매우 중요하다. 볼을 쟁취하기 위해 수비수는 강하게 압박해야 한다.

- 결정적인 태클을 해야 하는 때가 오면 과감하게 태클을 시도한다. 오른발, 왼발 모두 정확한 태클 기술을 습득하도록 한다.
- 슬라이딩 태클, 발 걸기 혹은 잡아당기는 행동들은 수비수들이 자신의 수비 포지션으로 늦게 복귀했거나 상대 공격수에게 많은 공간을 내줬다는 증거이다.

선수의 능력에 따라 골대와 훈련장의 크기를 조정할 수 있다.
- 양쪽 골대 모두 골키퍼를 활용하고, 또한 훈련장 크기를 크게 하거나 큰 골대를 사용할 수도 있다.
- 다른 쪽 엔드라인에 골대를 더 배치하고, 만약 수비수가 볼을 쟁취한다면 공수 교대로 반대쪽 골문을 공격하여 득점을 시도할 수 있다.

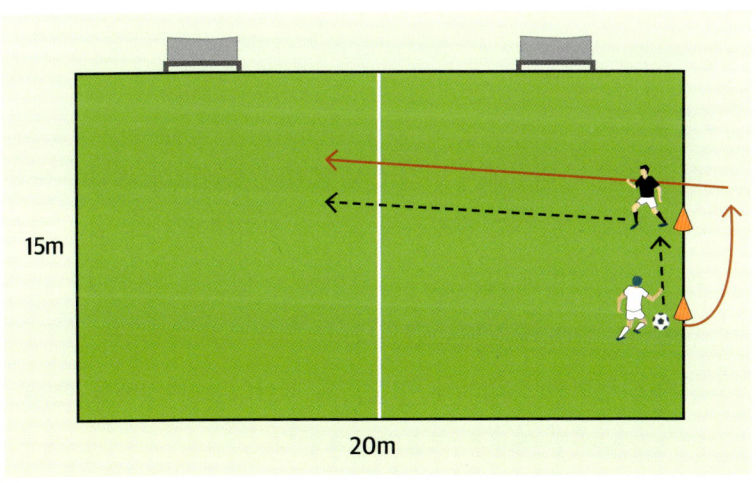

그림 2-18 풀백의 1대1 상황 훈련

(4) 풀백의 오버래핑 & 크로스 훈련

오버래핑을 통해 공격을 잘하는 풀백은 어느 팀에게나 큰 자산이다. 그러나 크로스 능력이 부족하거나 체력이 약한 수비수는 크게 도움이 되지 않는다.

두 명의 서버, 두 명의 타깃맨을 세워 우측과 좌측의 풀백이 동시에 훈련을 실시한다. 양쪽의 누구든 먼저 시작할 수 있다. 〈그림 2-19〉는 우측 풀백이 먼저 지역 A에서 시작하는 예이다. 서버에게 패스를 한 후 오버래핑을 돌아 리턴을 받고 두 명의 타깃맨을 향해 크로스를 한다. 이후 풀백은 골대 뒤로 돌아 지역 C로 달려간다. 동시에 좌측 풀백도 지역 B에서 우측 풀백과 똑같은 훈련을 한다. 크로스를 올린 후 골대 뒤를 돌아 지역 D로 달려간다. 이후 좌·우측 풀백은 각기 새로운 오버래핑과 크로스를 위해 지역 C와 D에서 시작한다. 휴식 전까지 두 명의 수비수는 3분간 훈련을 실시한다(그림 2-19).

코칭 포인트
- 이 훈련은 수비수에게 유산소성 능력과 무산소성 능력을 모두 요구한다. 힘들수록 정확하게 훈련을 진행해야 한다. 최대 강도에서 오버래핑과 크로스가 이루어질 수 있도록 독려한다. 골대 뒤에서는 50%의 강도로 달린다.
- 강하고 정확한 크로스가 이 훈련의 핵심이다. 타깃맨을 향하는 패스가 강하고 빠르게 연결되어야 한다.

- 첫 패스가 느린지, 오버래핑이 느린지, 크로스의 강도와 정확성은 어떤지 파악하여 그 부분을 향상시키기 위해 추가 훈련 처방을 내릴 수 있다.

선수의 능력에 따라 골키퍼를 포함하고 크로스할 때 수비 압박을 가할 수 있다.
- 크로스를 차단할 수 있는 골키퍼를 포함시켜 훈련한다. 이렇게 되면 풀백들은 공격수들에게 크로스를 올리기 어려워져 공격수의 움직임에 따라 크로스의 변화를 만들어야 한다.
- 크로스 상황에서 서버들이 소극적인 압박을 가하면 풀백이 크로스하려는 순간 집중력을 높일 수 있다.

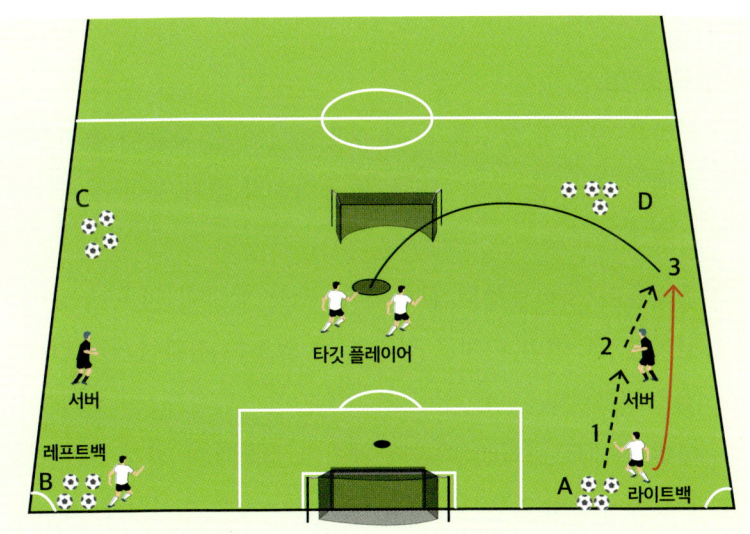

그림 2-19 풀백의 오버래핑 & 크로스 훈련

(5) 풀백의 수비 활동과 공격 전환 훈련

네 명의 선수들과 한 명의 서버로 구성된다. 풀백을 지정하면 그 선수는 검정색 유니폼을 착용하고 5×5m 안에서 펼쳐지는 3대1 훈련에서 수비수 역할을 한다. 훈련장의 크기는 선수들의 수준이나 지도자가 부여하고자 하는 운동 강도에 따라 조정할 수 있다.

훈련의 첫 과제는 3대1 상황에서 볼을 뺏는 것이다. 풀백은 다음 단계로 넘어가기 위해서 볼을 사각형 밖으로 걷어내야 한다. 볼을 걷어내자마자 풀백은 서버가 있는 곳까지 전력 질주하며 볼을 받아 미니 골대로 패스한다. 패스하기 전에 단 한 번의 터치만 가능하다. 이후 20초간 휴식을 취한 후 다시 사각형 안으로 들어와 같은 훈련을 반복한다. 3분간 훈련 후 풀백을 교대한다(그림 2-20 a, b).

코칭 포인트
- 압박을 강하게 할수록 3대1 상황에서 이길 확률이 높아진다. 풀백이 패스 줄 곳을 차단하고 공격수의 좋지 못한 첫 터치를 강하게 압박하도록 독려한다.
- 풀백들이 서버로부터 볼을 받을 때는 상당히 피로한 상태일 것이다. 한 번의 터치로 전진할 수 있도록 정확하게 훈련하는 것을 강조한다.
- 미니 골대로 향하는 마지막 패스가 정확해야 한다. 기술적인 부분에 집중하고 높은 기준을 유지하는 것이 훈련의 핵심이다.

선수의 능력에 따라 공격수와의 경쟁을 유도할 수 있다.

- 훈련의 속도와 압박을 올리기 위해서 좀 더 경쟁적으로 만들 수 있다. 흰색 유니폼을 착용한 선수 세 명은 패스를 10번 연속으로 성공하면 포인트를 얻는다. 풀백이 포인트를 얻는 방법은 두 가지이다. 첫 번째는 사각 안에서 볼을 가로채거나 미니 골대에 정확히 패스를 했을 때이다. 3분간 훈련을 진행하여 승자를 가린다.
- 미니 골대의 위치를 옮겨 다른 길이의 패스를 시도하는 훈련을 할 수도 있다.

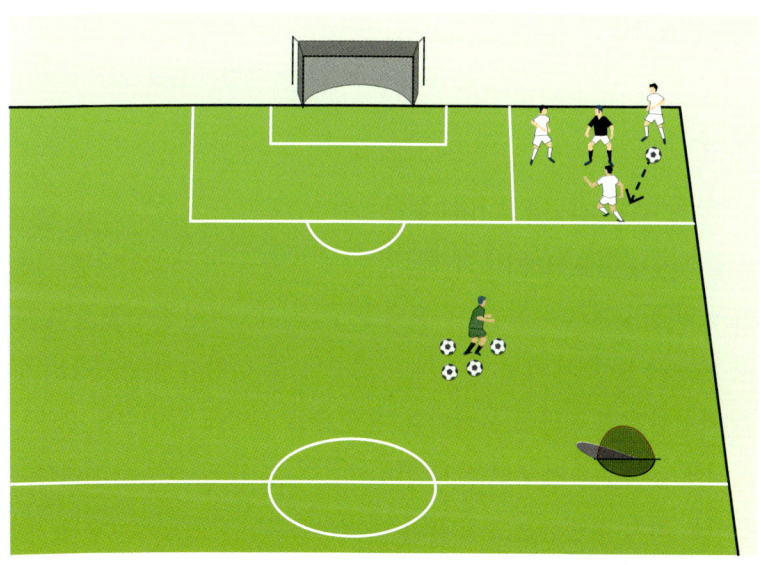

그림 2-20(a) 풀백의 수비 활동과 공격 전환 훈련

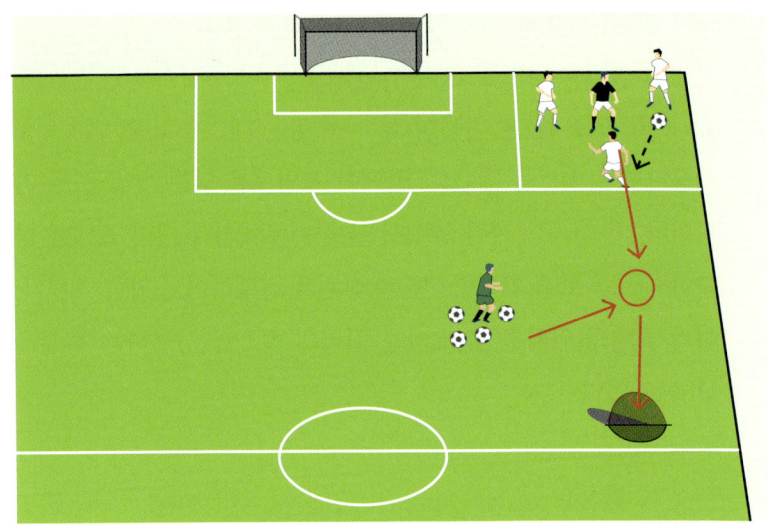

그림 2-20(b) 풀백의 수비 활동과 공격 전환 훈련

(6) 풀백의 스프린트 & 1대1 훈련

풀백이 공격을 아무리 잘해도 만일 수비를 잘하지 못한다면 그들은 팀의 골칫거리가 된다. 이 훈련은 주로 1대1 상황을 연습하며, 또한 빠르게 수비 위치로 돌아와 공격수의 첫 터치가 이루어지는 순간 과감하게 도전하는 훈련이다. 훈련은 A 지역에 수비수를, B와 C 지역에 공격수를 세우고 실시한다. 또는 여섯 명의 선수를 배치하여 훈련을 계속 진행하는 것도 좋은 방법이다.

풀백(선수 A)은 선수 B에게 패스를 한다(1). 볼이 패스되자마자 선수 A는 왼쪽에 위치한 콘으로 스프린트하여 터치한다. 동시에 선수 B는 볼을 받아 선수 C에게 패스를 한다(2). 선수 C는 볼을 받아 드리블로 엔드 존까지 도달하려는 시도를 한다. 선수 A는 수비 지역으로 빠르게 복귀하여 1대1 상황을 만든다(3). 만약 선수 A가 이긴다면 전방의 골대에 골을 넣을 수 있다(그림 2-21).

코칭 포인트
- 수비적 측면에서 A 선수는 빠르게 1대1 상황에 도달해야 하며, 공격수 앞에 위치한 후에는 속도를 늦춘다.
- 빠르게 수비 위치로 돌아올수록 공격수를 사이드라인으로 유도할 기회가 많아지며, 그들이 전진할 수 있는 공격 움직임을 막을 수 있다.
- 1대1 상황에서의 인내는 매우 중요하다. A 선수는 태클 타이밍을 잡기 전까지 확실한 때를 기다려야 한다.

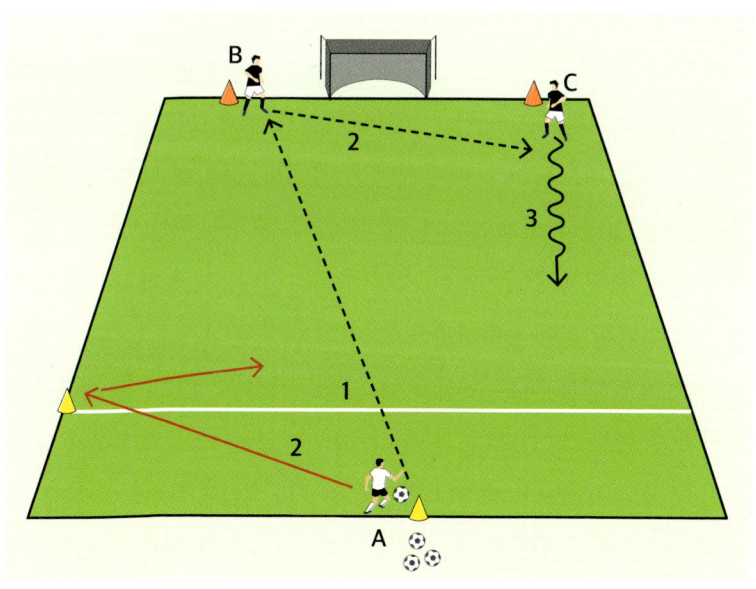

그림 2-21 풀백의 스프린트 & 1대1 훈련

3. 수비형 미드필더

　수비형 미드필더는 2002 FIFA 한·일 월드컵 한국 대표팀의 진공 청소기인 김남일 선수와 같이 포백 수비수 앞에서 상대편의 공격을 차단하고, 볼을 받을 수 있는 가장 가까운 동료에게 패스하는 역할을 하는 선수이다. 상당수의 팀이 이전에는 이 역할을 제대로 활용하지도 못했을 뿐만 아니라, 대부분은 이 역할을 수비 집중형 팀의 부정적인 특성 중 하나라고만 여겼다. 1994년 월드컵 우승에도 불구하고 브라질은 기존의 공격적인 플레이 방식 대신 둥가Dunga 선수를 미드필더와 수비진 사이에 수비형 미드필더로 배치하여 비난을 받기도 했다.

　그러나 이제는 수비형 미드필더가 엘리트 축구팀에서 전술적 필수 요소가 되었다. 2010년과 2014년 월드컵 우승팀 모두 최소 한 명의 수비형 미드필더를 배치했다는 점에서, 수비형 미드필더에 대한 인식이 얼마나 바뀌었는지 알 수 있다. 오늘날에는 수비형 미드필더 없이 축구를 할 수 없는 지경에 이르렀다. 가장 매력적인 포지션으로 평가받지는 못하더라도, 수비형 미드필더가 없는 팀은 공격과 수비의 균형을 이루는 데에 어려움을 겪을 수 있고, 볼 점유율을 유지하기 힘들 수 있으며, 또한 상대의 기습 공격에 적절하게 대응하지 못할 수도 있다. 뛰어난 공격력을 지닌 상대 선수들이 볼을 받기 위해 전진하는 만큼, 포백 수비수들은 이러한 선수의 움직임에 상응하는 보호막이 필요하다.

그러나 볼 점유, 경기 흐름의 조절 및 공격으로의 전환에서 핵심적인 역할을 하는 이 포지션의 역할에 비해 수비형 미드필더라는 이름으로 과소평가되는 경향이 있다.

1) 수비형 미드필더의 유형

수비형 미드필더는 더 이상 1차원적인 역할을 수행하는 포지션이 아니다. 수비형 미드필더에 대한 훈련을 진행하기 전에 해당 포지션에 위치한 선수는 어떤 유형의 선수인지, 팀에 실제로 필요한 선수는 어떤 유형인지, 그리고 이러한 요소들이 전반적인 팀의 플레이 체계에 어떤 영향을 미치는지를 파악해야 한다. 수비형 미드필더는 다음 세 가지 유형으로 나눌 수 있다.

(1) 파괴자(마케렐레 역할)

전통적인 수비형 미드필더 유형 중 하나로, 체력적 요인이 장점이며 주로 전투적이고 태클에 강점이 있다. 이 역할을 맡았던 이전 선수들의 체구는 작은 체구(하비에르 마스체라노, 디디에 데샹, 에드가르 다비즈)부터 큰 체구의 선수들(질베르투 실바, 오비 미켈)까지 다양하다. 이 유형의 수비형 미드필더들의 주요 역할은 태클을 하고, 경기의 흐름을 읽어 공격을 차단하고, 볼을 점유하며 공격형 미드필더들을 지원하는 것이다.

(2) 플레이메이커(피를로 역할)

최근 이러한 역할을 하는 수비형 미드필더의 수가 급격하게 증가하고 있는 추세로, 수비 진영으로 내려와 플레이메이커 역할을 하면서 시야를 넓게 보고, 넓은 범위의 패스를 주도하며 아래쪽으로부터의 공격을 유도하고 시작하는 역할을 맡고 있다. 이들이 갖고 있는 기술적 능력은 이러한 기능을 온전히 수행할 수 있게 한다. 태클 같은 동작보다는 위치를 선점하는 수비 방법으로 경기를 조율하고 흐름을 읽어내는 능력이 필요하다. 폴 스콜스Paul Scholes, 안드레아 피를로Andrea Pirlo와 세르히오 부스케츠Sergio Busquets와 같은 선수들이 이러한 유형의 수비형 미드필더의 대표적인 예라 할 수 있다. 이 유형의 수비형 미드필더들은 팀이 볼을 점유하고 있는 상황에서 경기 상황에 맞게 지능적인 포지셔닝을 하면서 경기의 흐름을 읽는 핵심적인 역할을 수행하게 된다.

(3) 만능형(야야 투레 역할)

이 유형의 수비형 미드필더는 앞의 두 유형을 합한 하이브리드형으로, 팀의 공격에도 기여한다. 패트릭 비에이라Patrick Vieira, 야야 투레Yaya Toure, 미하엘 발락Michael Ballack 같은 선수들이 여기에 속한다. 이 유형의 수비형 미드필더들은 체격과 체력적 강점을 가지고 있으며, 특히 공격으로 치고 나가기 위한 빠른 스피드를 갖고 있다. 공격을 위한 적절한 위치에 포지셔닝을 하고, 상대팀의 압박에서도 벗어날 수 있으며, 더 나아가 상대팀을 압박하기도 한다.

만능형 수비형 미드필더의 역할을 수행하는 데 필요한 기술적 능력에는 이제 슈팅과 더불어 공격 1/3 지역에서의 드리블 돌파 능력까지 포함된다.

2) 수비형 미드필더가 갖춰야 할 주요 요인

수비형 미드필더는 공격, 수비 그리고 공수 전환의 중요한 연결고리 역할을 해야 한다. 경기의 흐름을 바꿀 수 있는 패스 능력, 강한 몸싸움과 수비력, 지칠 줄 모르는 지구력, 그리고 팀을 이끄는 리더십까지 다양한 능력이 요구되는 포지션이다. 수비형 미드필더가 갖춰야 할 기술적·체력적·전술적·정신적 주요 요인은 다음과 같다.

(1) 기술적 요인
- 든든한 지원자 : 팀이 볼을 소유하고 있을 때, 양쪽 센터백과 풀백으로부터 자유롭게 패스를 주고받을 수 있어야 함
- 반회전half turn에서도 경기를 수행할 수 있는 능력
- 1대1 상황에서 견고한 수비 능력
- 서로 다른 각도(상황)에서도 패스를 받을 수 있는 회전 및 방어 능력
- 짧고 긴 패스, 그리고 이를 조합한 패스 등 모든 범위에서의 정확한 패스 연결 능력
- 압박 상황에서도 볼을 소유할 수 있는 능력
- 빠르고 정확한 원터치 컨트롤과 숏 패스, 롱 패스 연결 능력

(2) 체력적 요인
- 공중볼 경합 능력
- 선수들이 많이 몰려 정체된 지역에서 공간을 만들고 문제 상황을 해결할 수 있는 능력
- 높은 수준의 유산소 및 무산소 능력
- 공수 전환 시 빠르게 대처할 수 있는 능력
- 몸싸움 경합 및 1대1 상황에서 우위를 점할 수 있는 강한 신체적 조건
- 좁은 공간에서도 빠르게 방향을 전환할 수 있는 능력과 스피드

(3) 전술적 요인
- 경기의 흐름을 지배하고 속도의 완급을 조절할 수 있는 능력
- 상대의 기습 공격 시 속도를 늦출 수 있는 능력
- 중앙 공격수가 볼을 받기 위해 공격 라인에서 내려올 때 지원해야 함
- 센터백의 위치를 지속적으로 확인 및 점검하고 볼에 따라 움직일 수 있어야 함
- 수비수들까지 공격에 가담하는 상황에서 풀백 지원의 타이밍 조절 능력
- 상대팀이 볼을 소유하여 패스를 주고받는 상황에서 미드필드 영역의 움직임을 파악할 수 있는 능력
- 팀 공수 전환의 중심 역할

(4) 정신적 요인
- 상대 중앙 공격수와 선수의 오고 가는 패스의 흐름을 읽고 차단할 수 있는 중도 차단 능력
- 상대 중앙 공격수가 패스를 받았을 때 센터백과 협업하여 빠르게 대응하는 능력
- 볼과 상관없이 자신을 둘러싼 360° 모든 방향에서의 상황을 파악할 수 있는 능력
- 일방적 공격이 이루어질 때도 자신의 위치 지키기
- 볼을 점유하고 경기의 흐름을 조절할 수 있는 능력
- 미드필드에 있던 선수들이 페널티 에어리어 안으로 침투하는 것을 파악하고 있어야 함
- 수비 라인 안쪽에서 볼을 얻었을 때 볼을 계속 두고 천천히 진행할 것인지, 아니면 빠른 역습을 진행할 것인지에 대한 빠르고 정확한 의사결정 능력
- 효율적인 소통과 리더십 : 다수의 수비형 미드필더는 팀의 주장으로, 팀의 볼 소유 여부와 상관없이 팀을 이끌고 전술 운용을 주도해야 함
- 공격 전개 상황을 파악하고 필요할 때 적절한 지원을 해야 함

〈그림 2-22〉의 수비형 미드필더의 프로필 요인 그래프를 활용하면 선수들의 장단점을 쉽게 비교할 수 있고, 개선해야 할 요인 등도 파악하여 훈련 비중 및 시간을 조정하는 자료로 활용할 수 있다.

수비형 미드필더 프로필 요인

기술적 요인
1. 패싱(숏 패스 & 롱 패스)
2. 압박 조건에서의 플레이
3. 지원(볼 받아 주기)
4. 1대1 수비력

정신적 요인
1. 규율
2. 소통
3. 상황 판단
4. 자신감

체력적 요인
1. 유산소 지구력
2. 근력
3. 공중볼 경합 능력
4. 회복 능력

전술적 요인
1. 인지
2. 상황 판단
3. 템포 조절
4. 지원

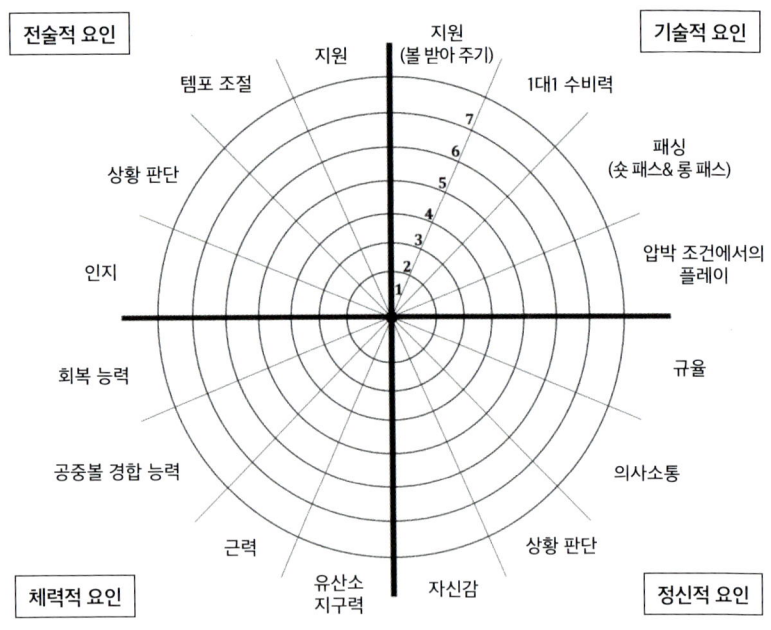

그림 2-22 수비형 미드필더의 프로필 요인

다음은 잉글랜드 프리미어 리그 웨스트햄 유나이티드 팀의 미드필더 육성을 위해 제시된 12~14세, 15~16세, 그리고 프로선수 17~21세의 연령별 기술적·전술적 주요 능력 요인을 나타낸 것이다.

표 2-7 중앙 미드필더 육성을 위한 12~14세 선수의 기술적·전술적 주요 능력 요인

12~14세 중앙 미드필더 – 자립 단계	
기술적 요인	전술적 요인
• 양발과 몸의 다양한 면으로 볼을 받는 능력 • 압박 상황과 좁은 공간에서도 여유롭게 볼을 받는 능력 • 양발의 다양한 면으로 넓은 범위의 패스 구사 • 1대1 수비 시 접근, 거리 조절, 자세, 결단(태클, 지연, 블로킹, 차단), 접촉 등에 대한 기본적인 이해 • 전진 패스를 하기 위해 유리한 몸의 포지셔닝 유지 • 페널티 박스 안과 주변에서 다양한 마무리 테크닉 보유 • 볼 경합 시 소유권을 가져가는 능력	• 동료 공격수들에게 패스 옵션을 주는 움직임 • 다른 동료 미드필더와의 유기적인 스위칭 플레이 • 동료들과의 간격 유지에 대한 기본적인 이해 • 상대 수비 라인 붕괴를 위한 침투 타이밍에 대한 이해 • 공간 혹은 선수를 마크하는 타이밍에 대한 이해 • 압박에서 벗어나기 위한 상대 수비수를 떨쳐내려는 움직임 • 세컨드 볼을 차지하려는 투지 • 공수/수공 전환 상황에서의 빠른 대응 • 볼이 없는 상황에서 7, 8, 9, 10번 또는 4, 9, 10, 11번 포지션 선수와 지속적으로 연계 • 볼 소유 상황에서 모든 동료들과 지속적으로 연계

표 2-8 중앙 미드필더 육성을 위한 15~16세 선수의 기술적·전술적 주요 능력 요인

15~16세 중앙 미드필더 - 졸업 단계	
기술적 요인	전술적 요인
• 양발을 모두 이용하여 다양한 종류와 거리의 패스를 안정적으로 받는 능력 • 압박 상황에서도 여유롭게 볼을 간수하여 탈압박하는 능력 • 몸의 방향과 볼의 방향을 자유자재로 바꾸어 공격을 전개하는 능력 • 몸의 좋은 방향을 유지함으로써 상대 위험 지역에서 자유롭게 원터치로 플레이하는 능력 • 양발의 모든 면을 이용하여 마무리 짓는 능력 • 차단과 태클의 타이밍을 꾸준히 잘 읽는 능력 • 공중볼 경합에서 지지 않는 강인함과 패스로 연결하는 능력	• 볼 소유 시 다양한 방법으로 언제, 어떻게 상대 수비 라인을 깨뜨릴지 인지(퍼스트 터치, 드리블, 패싱) • 오프더볼에서도 효과적으로 상대 수비 라인을 깨는 능력(서드맨 침투, 뒤로 빠지기, 가만히 서 있기, 수비 어깨 너머로 침투하기) • 득점을 하기 위해 상대 위험 지역까지 공격 가담 • 효과적으로 측면 미드필더와 센터백과의 스위칭 플레이 구사 • 상대 공격수가 침투할 때 효과적으로 따라가는 능력 • 상대와 공간을 수비하는 정확한 포지셔닝 • 세컨드 볼을 차지하기 위한 움직임과 포지셔닝 • 공수/수공 전환 시 영향력 발휘 • 볼 소유/미소유 모든 상황에서 꾸준히 모든 팀원들과 연계하는 능력

표 2-9 중앙 미드필더 육성을 위한 17~21세 선수의 기술적·전술적 주요 능력 요인

17~21세 중앙 미드필더 – 프로 전환 단계	
기술적 요인	전술적 요인
• 다양한 방법으로 상대 수비 라인 붕괴(퍼스트 터치, 드리블링, 패스 범위) • 압박 상황에서도 볼을 여유롭게 간수하며 밀착 수비에서도 수비수를 벗겨내는 능력 • 상대 진영에서 압박받는 상황에서도 원터치로 플레이할 수 있는 능력 • 다양한 테크닉으로 상대 수비 라인에 침투하는 패스 구사 (공중, 로빙, 시선 페인트, 대각 패스, 흘리기 등) • 패스를 받을 때 상대 압박에서 벗어나는 쪽으로 퍼스트 터치를 함으로써 플레이 시간 확보 • 먼 거리에서도 상대 수비에게 위협을 가할 수 있는 중거리슛 능력 • 움직이며 볼을 받으면서도 빠르게 방향을 전환할 수 있는 능력 • 상대 공격수의 시야에서 벗어난 곳에서 접근해 볼 빼앗기	• 움직임을 통해 마크 선수를 끌어냄으로써 동료 선수들에게 공간 창출 • 센터백과 지능적으로 소통하며 볼을 받고, 동시에 센터백이 공을 가지고 전진할 수 있게 공간 창출 • 서드맨이 공간으로 움직이거나 슛 기회를 가질 수 있도록 공격 작업 유도 • 템포와 리듬을 조절함으로써 경기 흐름을 조율 • 공간과 공격수를 마크하는 상황에서도 볼 차단 시 전진 패스할 목표 공격수 물색 • 볼이 본인을 지나가더라도 빠르게 복귀하여 차단 • 빠른 움직임과 상황 인지 능력으로 수비수로부터 벗어나는 능력 • 상대의 스타일과 포메이션을 고려하여 어떻게 공격할지 판단 (수비 라인을 돌아 나갈지, 돌파할지, 넘겨서 패스할지)

3) 트레이닝 프로그램

수비형 미드필더 포지션은 코칭은 많이 하지만 실질적으로 가르치는 것은 적은 포지션이다. 또한, 두 개의 중심점 역할을 함과 동시에 연결 역할까지 수행해야 하기에 많은 어려움을 지닌 포지션이기도 하다. 현재 팀이 보유하고 있는 수비형 미드필더의 스타일에 집중하여 수행할 수 있는 역할을 중심으로 경기와 훈련 프로그램을 운용해야 한다. 수비형 미드필더는 예술가와 군인의 성격을 모두 지닌 선수로, 노련함, 이동성, 기술 및 리더십을 두루 갖춰야 한다.

그러나 포지션에 필요한 기본 스킬을 확인할 수 있는 프로그램이 있고, 효과적인 훈련을 더해 그 기술을 개발할 수 있다면, 현대 축구에서 우수한 실력을 뽐낼 수 있는 수비형 미드필더를 발굴할 기회가 더욱 많아질 것이다.

(1) 원터치 & 패스 훈련 1

수비형 미드필더로서의 역할을 효율적으로 수행하기 위해서는 반회전 후, 또는 정면 방향으로 경기 상황을 전개할지에 대한 정확하고 빠른 의사결정과 함께 기술을 갖고 있어야 한다. 실제 경기 중에서는 이 모든 과정이 빠른 속도로 이루어지기 때문에 성공적인 결과를 위해서는 주의력, 좋은 스킬과 더불어 성공적인 퍼스트 터치 first touch로 원하는 방향으로 바로 나아갈 수 있도록 볼을 컨트롤하는 것이 무엇보다 중요하다. 이것은 중앙 미드필더들이 빠른 스피드로 여러 방향에서 볼 터치 능력을 기를 수 있게 하는 훈련이다. 세 명의 선수들로 이어진 한 그룹이 15×15m 영역에서 훈련하며, 각 정사각형의 모서리에 작은 골대를 세운다. 한 명의 선수(A)가 정사각형 안에서, 나머지 두 선수(B, C)는 서버server의 역할로 각각 다섯 개의 볼을 갖고 A와 패스를 주고받는다.

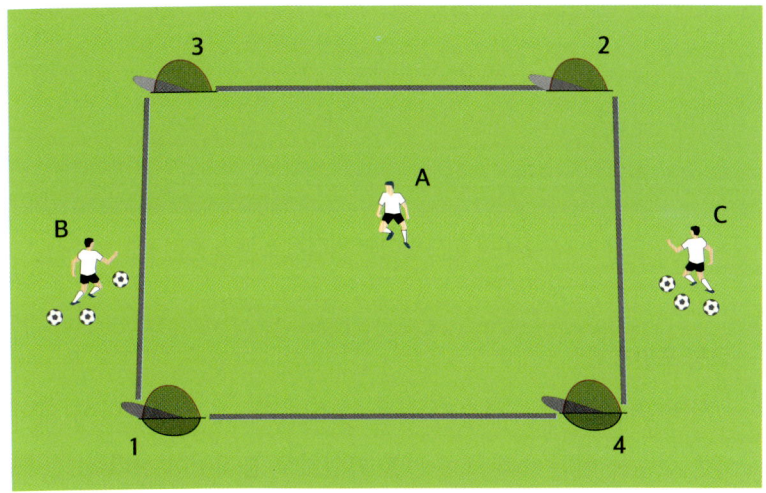

그림 2-23 수비형 미드필더의 원터치 & 패스 훈련 1-1

    모서리에 놓인 각 골대들을 순서대로 1~4라고 명명한 후, A 선수가 먼저 B·C 선수 중 한 명과 확인 후 운동을 시작한다. B·C 선수는 A 선수에게 패스 시 볼을 패스하는 방향에 위치한 골대의 숫자를 외치고, A 선수는 원터치로 컨트롤하고 그다음 터치로 외친 숫자에 해당하는 골대에 패스로 골을 넣어야 한다. 패스 직후, A는 다른 선수에게 패스를 받기 위해 스프린트한 후 앞의 동작을 반복한다. 90초 간격으로 A 선수가 B·C 선수와 위치를 바꾸어 훈련을 진행한다 (그림 2-23, 그림 2-24).

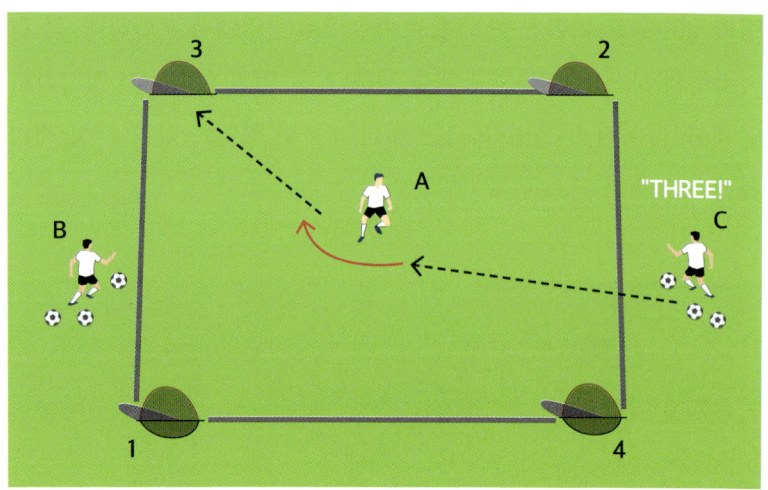

그림 2-24 수비형 미드필더의 원터치 & 패스 훈련 1-2

코칭 포인트

- 서버 역할을 하는 선수가 볼을 패스할 때, 정사각형 안에 위치한 선수는 빠른 스피드로 이를 확인하고 움직여야 한다.
- 각 모서리에 놓인 골대의 방향에 따라 어떤 종류의 퍼스트 터치를 해야 하는지 여부가 달라진다.
  - 골대를 등지고 있는 경우, 선수의 몸은 볼을 빼앗기지 않기 위한 동작을 함께 수행해야 한다.
  - 패스를 받은 방향으로 전진하는 경우, A 선수가 발등의 바깥 부분으로 퍼스트 터치를 하는 연습을 하도록 패스한다.
  - 골대가 사선 방향에 위치한 경우, A 선수는 뒤에 위치한 발로 패스를 받아 바로 앞발로 볼을 골대에 넣어야 한다.

- 골대 안으로 향하는 마지막 패스는 발 안쪽으로 빠르고 정확해야 한다. 선수들이 자신감을 갖고 패스 연습을 할 수 있도록 해야 한다.

선수의 체력과 기술 수준에 따라 다음과 같이 변화를 줄 수 있다.
- A·B·C 선수들 간의 역할을 주기적으로 바꿔 주며, 발을 활용한 패스에서 더 나아가 스로인throw-in, 공중 패스 등 다양한 방법을 시도한다.
- 중앙에 위치한 중앙 미드필더는 양발을 모두 활용한다. 퍼스트 터치에 활용한 발은 골대로 패스할 때 활용하지 않고 나머지 발로 한다.
- 세 미드필더 간의 경쟁을 유도한다. 90초 혹은 골 8번 성공하기 등 목표를 정해 점수를 매긴다.
- 정사각형 안에 있는 중앙 미드필더의 퍼스트 터치를 압박하는 수비수를 추가 배치한다.

(2) 원터치 & 패스 훈련 2

패스하여 앞으로 전진하는 훈련을 하기 전에 수비형 미드필더들은 압박 속에서도 볼을 지키는 방법과 기술을 완전히 숙달해야 한다. 이 훈련은 선수들이 한 각도에서 볼을 받고 다른 각도로 몸을 틀어 패스하는 연습이다. 볼 두 개가 동시에 움직이기 때문에, 압박 속에서도 집중력을 잃지 않는 연습 또한 될 수 있다(그림 2-25).

선수들은 네 명이 그룹을 이루며, 한 그룹 내에서 두 명씩 짝을 짓는다. 한 쌍이 서버의 역할을, 나머지 한 쌍은 훈련을 진행한다. 훈련 대상이 되는 선수들은 서버의 역할을 하는 선수들과 반대 방향을 바라보며 운동을 시작한다. A 선수는 A 서버로부터 볼을 받으며, B 서버에게 패스하기 전에 원터치만 한다. 동시에 B 선수는 B 서버로부터 볼을 받아, 마찬가지로 원터치 후 A 서버에게 패스한다. 패스 후, 서버와 선수들은 스프린트하여 서로 역할을 바꾸어 운동을 이어간다.

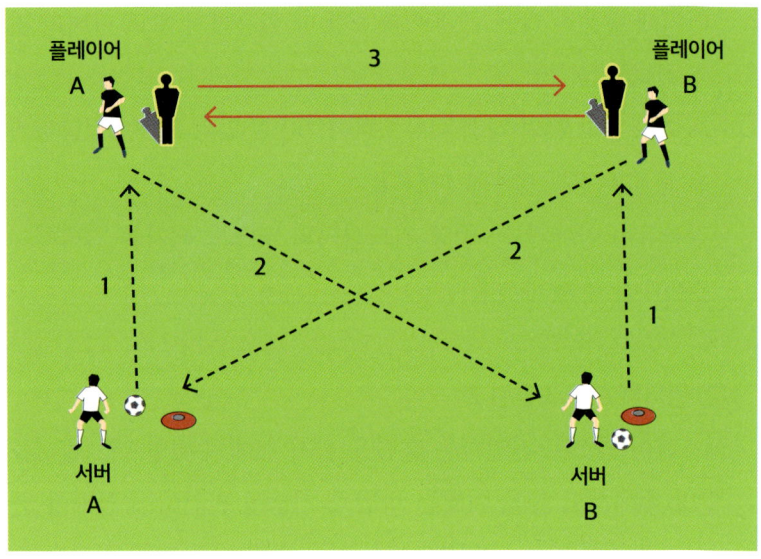

그림 2-25 수비형 미드필더의 원터치 & 패스 훈련 2

코칭 포인트

- 선수들이 기술을 더 개발할 수 있도록 어떤 발을 이용해 볼을 받았든지에 관계없이 기초적인 패스를 연습하도록 한다. A 선수가 오른발로 볼을 받아 동일한 발로 패스를 하고, B 선수는 왼발로 볼을 받아 왼발로 패스를 하는 식이다.
- 이 운동에서는 퍼스트 터치가 가장 중요한 요소인데, 그중에서도 어떤 방향으로 퍼스트 터치를 하는지가 핵심이다. 선수가 한 방향으로 패스를 받아 다른 방향으로 패스를 하기 위해서는 퍼스트 터치가 해당하는 방향으로 이루어져야 한다. 이 운동에서 만약 패스가 제대로 이어지지 않는다면 퍼스트 터치 때문일 확률이 매우 높다.

시간 제한을 활용하거나 다양한 신체 부위의 볼 컨트롤을 활용할 수 있다.

- 선수들을 쌍으로 나누어 1분 안에 얼마나 많은 패스를 할 수 있는지 시간을 잰다. 패스 성공 횟수를 1점으로 간주해 점수를 매긴다.
- A·B 선수가 발뿐만 아니라 가슴, 대퇴 혹은 다른 신체 부위로 패스를 받도록 다양한 패스를 활용한다.
- 만약 공중으로 패스를 하는 경우, 볼이 공중에서 유지될 수 있도록 한다.

(3) 컨트롤 & 패스 훈련

1단계

엘리트 수비형 미드필더의 4'R'인 받기Receive, 유지Retain, 놓기Release, 반복Repeat을 훈련하는 것이다. 수준이 뛰어난 선수들은 이 네 가지 특성 모두에서 뛰어난 실력을 보인다. 20×20 m의 정사각형 영역에서 네 명의 선수는 밖에, 두 명의 선수는 중앙에 위치한다. 정사각형 밖에 위치한 네 선수(C, D, E, F)는 서버의 역할을 하고, 안에 위치한 두 선수(A, B)는 90초 세션 동안 훈련을 한다. 또한 중앙에는 두 개의 마네킹을 세워 패스 시 마킹하는 상대 선수의 역할을 하도록 한다.

먼저 A 선수가 C·D 선수와 함께, 그리고 B 선수는 나머지 E·F 선수와 함께 두 개의 삼각형 형태로 짝을 지어 운동을 시작한다. 코치가 시작 신호를 주면 A 선수는 C 선수로부터 볼을 받고, B 선수는 F 선수로부터 받는다. A·B 선수 모두 원터치로 마네킹을 지나쳐 대기하고 있는 다른 선수에게 패스한다. 패스 후 A·B 선수는 서로 위치를 바꾸어 다른 쌍의 삼각형에서 동일한 운동을 진행한다.

경기 상황에 적용하자면, 센터백으로부터 패스를 받아 압박 속에서 볼을 지켜 다른 센터백 또는 풀백에게 다시 패스를 하는 상황이다(그림 2-26).

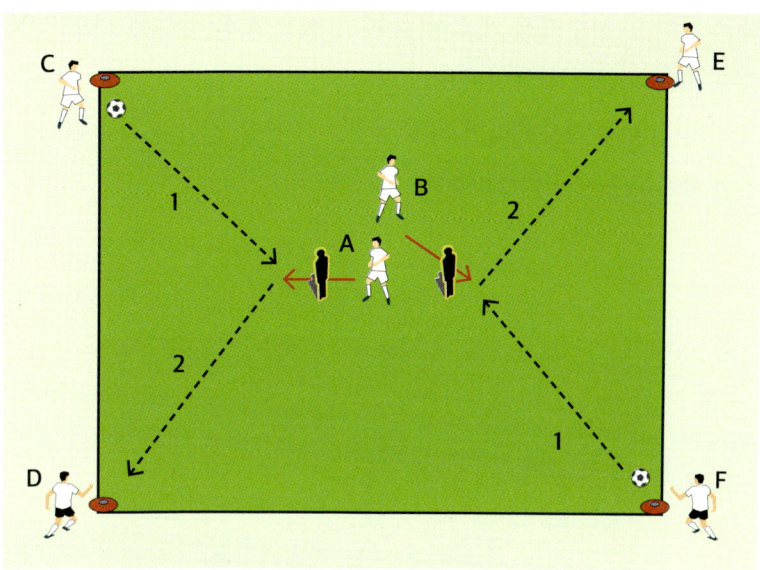

그림 2-26 수비형 미드필더의 컨트롤 & 패스 훈련 1단계

코칭 포인트

- 좋은 퍼스트 터치를 할 수 있도록 유도한다.
- 마네킹으로부터 가장 멀리 위치한 발을 활용해 패스를 한다. 이는 상대로부터 볼을 지키는 데 유용하다.
- 서버의 발로 정확하고 신속한 패스를 할 수 있도록 한다.

2단계

두 번째 파트에서는 삼각형의 형태를 변형시킨다. A 선수는 C·F 선수와 함께, B 선수는 나머지 D·E 선수와 짝을 이룬다. 코치가 시작 신호를 주면 A 선수가 C 선수로부터 볼을 받아 대각선에 위치한 F 선수에게 패스를 한다. 동시에 B 선수는 D 선수로부터 볼을 받아 E 선수에게 패스한다. 패스 직후 A·B 선수는 서로 위치를 바꾸어 훈련을 진행한다.

경기 상황에 적용한다면, 수비수로부터 볼을 받아 공격수에게 패스를 해주는 상황이다(그림 2-27).

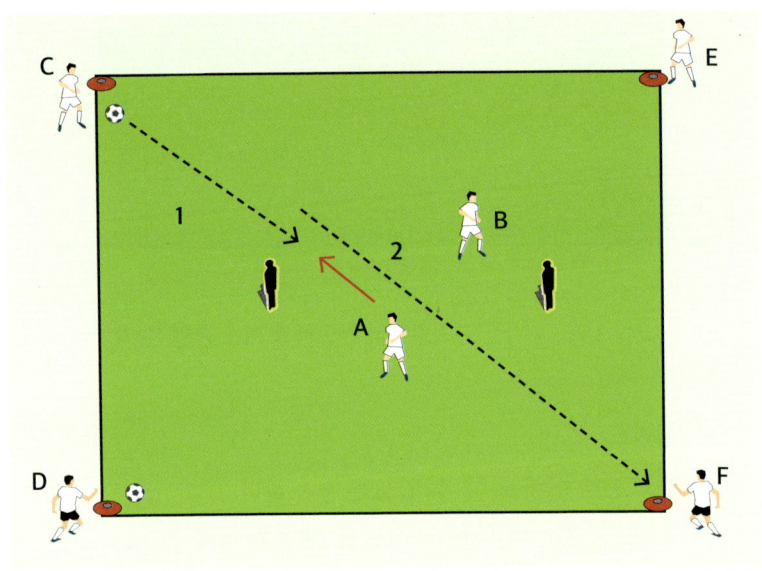

그림 2-27 수비형 미드필더의 컨트롤 & 패스 훈련 2단계

코칭 포인트
- 패스를 받는 사람과 목표를 향해 몸을 오픈한다.
- 뒤에 위치한 발로 패스를 받고 빠르게 움직인다.
- 패스한 위치를 고수하지 말고, 다음에 볼이 올 위치를 고려해 포지션을 바꾼다.

3단계

세 번째 단계에서는 A와 B 선수가 협동한다. 이때 두 선수는 한 코너에서 다른 코너로 볼을 이동시키기 위해 힘을 합쳐야 한다. 앞의 그림을 예시로 들면, C 선수는 패스를 이어받기 위해 빈 공간으로 진입해 확보한 A 선수에게 패스를 하고, A 선수는 B 선수가 F 선수에게 패스할 수 있는 각도와 공간을 확보하기 위해 뒤로 이동할 위치를 고려해 확보된 빈 공간으로 볼을 패스한다. F 선수에게 성공적으로 패스한 후, 이번에는 D·E 선수와 같은 훈련을 진행하는데, 이때 A와 B 선수는 역할을 바꾼다(그림 2-28).

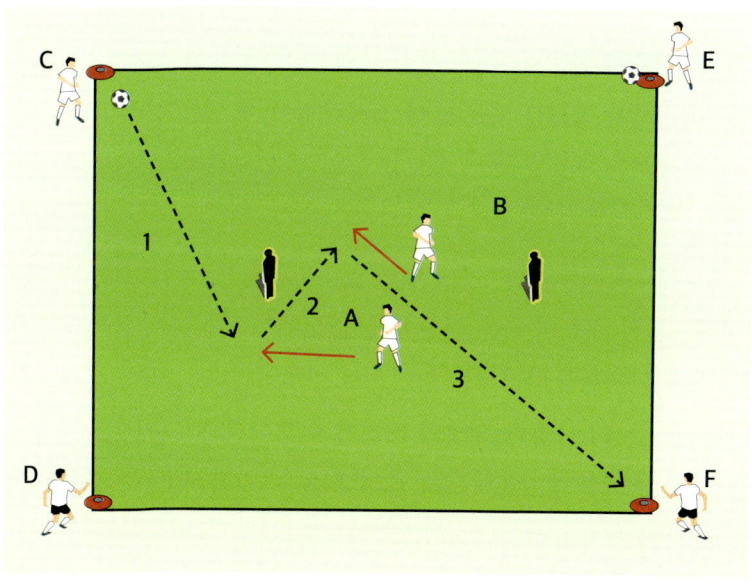

그림 2-28 수비형 미드필더의 컨트롤 & 패스 훈련 3단계

코칭 포인트

- 볼에서 발을 뗀 후 빠르게 움직이는 것이 경기 상황에서 이 움직임을 연결하는 데 핵심적인 요소이다. 이를 위해서는 중앙에 있는 선수들이 첫 번째 패스를 시작해야 하고, 이 선수들이 첫 번째 패스를 위해 움직이기 시작할 때 두 번째로 패스를 이어받을 선수들 또한 함께 움직여야 한다. 이러한 움직임의 흐름을 이해해야 하고 충분히 숙지해야 한다.
- 운동의 전체적인 스피드가 핵심이므로 선수들이 원터치로 패스를 주고받을 수 있도록 한다.
- 그러나 스피드를 올리기 위해 마지막 패스의 정확도를 놓치면 안 된다. 모든 패스를 정확하게 할 수 있도록 훈련한다.
- 바깥에서 안으로 주는 패스 또한 매우 중요한 요소인데, 이때 패스하는 속도를 빠르게 해 정사각형 안에 있는 선수들이 볼 컨트롤하는 수준과 패스 속도를 높일 수 있도록 한다.

(4) 패스 & 이동 훈련

대부분의 패스 훈련은 직선상에서의 패스, 또는 선수들이 패스하는 방향을 단순히 따라가는 형식으로 이루어진다. 그러나 실제 경기 상황에서는 더 다양한 유형의 패스가 이루어진다. 그러므로 훈련을 할 때도 수비형 미드필더들이 볼 점유율을 더 높이고, 더 다양한 각도와 볼의 위치에 따라 움직일 수 있도록 한다.

여섯 명의 선수가 20×40m의 영역에서 훈련을 진행하며, 다음 그림과 같이 A에서 H의 위치까지 콘을 둔다. 직사각형의 네 모서리에서 15m 떨어진 곳에 깃발을 각각 세워 둔다. 각각의 선수들은 두 개의 콘을 제외하고 나머지 여섯 개의 콘에 위치한다.

A 선수를 시작으로, 영역 내의 아무 선수에게 패스를 한다. 패스 후 A 선수는 비어 있는 두 개의 콘 중 한 곳으로 스프린트하여 이동한다. 패스를 받은 두 번째 선수도 같은 동작을 하고, 이어서 다른 선수들 또한 이와 같이 움직인다. 단, 패스를 준 선수에게 다시 패스를 할 수는 없으며 횡패스square pass를 해서도 안 된다. 횡패스를 금지한다는 것은 B 선수가 C 선수에게, D 선수가 E 선수에게, F 선수가 G 선수에게 패스해서는 안 된다는 것을 뜻한다(그림 2-29).

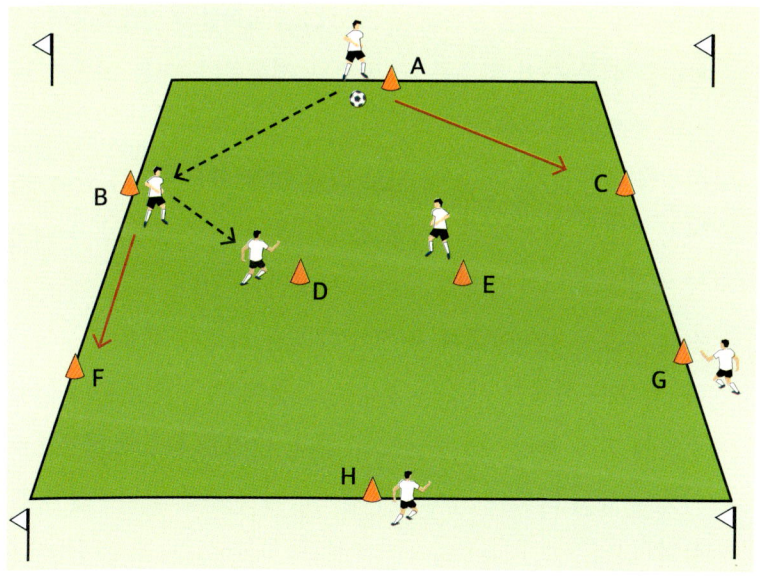

그림 2-29 수비형 미드필더의 패스 & 이동 훈련 1

코칭 포인트
- 선수들은 패스할 수 있는 선택지가 얼마나 있는지, 그리고 어떤 선수가 어떤 콘에 위치해 있는지를 지속적으로 확인할 수 있어야 한다.
- 횡패스를 할 수 없으므로 볼을 소유한 선수들이 몸을 오픈해 여러 각도로 패스할 수 있도록 유도한다.
- 이 운동에서는 패스의 속도 자체가 매우 중요하다. 너무 느린 패스는 전체적인 움직임의 속도를 저하시키며, 너무 강한 패스는 패스를 받는 선수에게 불리하게 작용할 수 있다.

터치 횟수 및 스프린트를 부가해 체력적 요소를 강화할 수 있다.
- 선수들의 볼 터치 횟수를 두 번으로 제한한다. 이는 퍼스트 터치의 중요성을 더욱 높인다.
- 선수들이 볼을 받고 줄 때 서로 다른 발을 활용하도록 한다. 이 역시 퍼스트 터치의 중요성을 높이지만, 추가로 볼을 받을 때의 몸 방향과 위치의 중요성 또한 부각시킬 수 있다.
- 전체 그룹이 1분 이내에 20개의 패스를 하도록 목표를 설정한다. 목표로 설정한 패스의 횟수는 그룹에 속한 선수들의 기술 수준에 따라 늘리거나 줄이도록 한다. 이러한 목표의 설정으로 인해 운동의 강도와 스피드가 증가하여 선수들의 실수를 유발할 수 있다.
- 모든 패스 이후에 선수들이 바깥쪽 네 개의 깃발 중 한 깃발까지 뛰어갔다가 다시 플레이 영역 안으로 돌아오도록 한다. 이는

선수들의 체력적 요소를 강화할 수 있으며, 압박 속에서 집중력을 유지하고 추가적인 의사결정을 하도록 할 수 있다(그림 2-30).

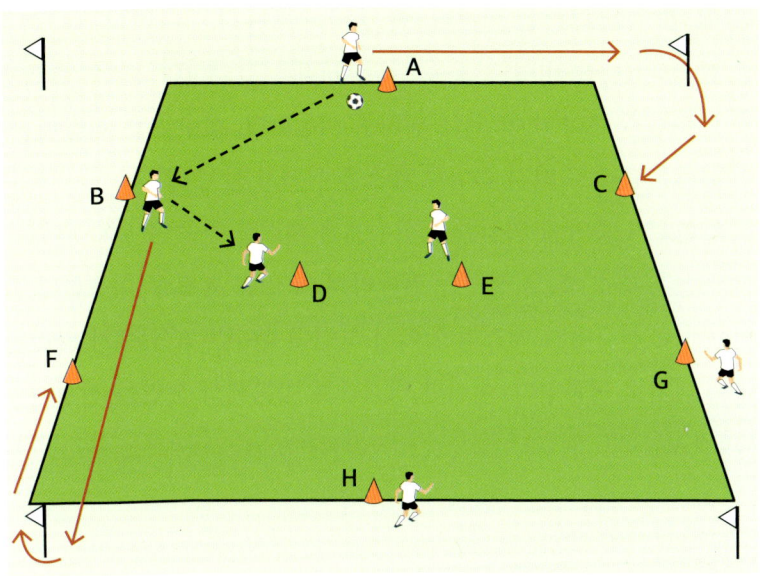

그림 2-30 수비형 미드필더의 패스 & 이동 훈련 2

(5) 패스 & 고 훈련

수비형 미드필더가 넓은 영역을 커버하지 않는 것처럼 보이지만, 수비형 미드필더들은 자신들과 팀원들을 위한 공간을 만들기 위해 움직여야 한다. 이 훈련은 미드필드 영역에서 패스와 움직임을 집중적으로 훈련하는 것이다. 많은 패스 훈련은 '패스를 따라가는' 패턴의 움직임을 수반한다. 그러나 실제 경기에서는 패스와는 다른 방향으로 움직여야 하는 경우도 있다. 이는 볼을 소유하고 있는 선수가 상대방의 압박으로부터 벗어날 수 있는 기회를 제공해 주기 때문에 큰 도움이 된다.

훈련은 15×15m의 정사각형 중앙에 콘을 놓고 진행한다. 미드필더 네 명이 한 그룹을 이룬다. 한 명이 중앙에서 시작하고, 네 코너 중 한 코너는 늘 비어 있도록 한다. 규칙은 간단하다. 볼을 패스한 후 선수들은 콘이 비어 있는 위치로 이동한다. 선수들은 직전에 패스를 받은 곳으로 다시 곧바로 패스를 이어서 할 수 없다.

A 선수가 중앙에 위치한 B 선수에게 패스를 하는 것으로 훈련을 시작한다. 패스 후, A 선수는 전방의 비어 있는 콘으로 이동한다. B 선수가 C 선수에게 패스를 이어서 하면 B 선수는 A 선수가 자리를 비운 위치로 이동한다. 이러한 방식으로 반복해서 훈련을 진행한다 (그림 2-31).

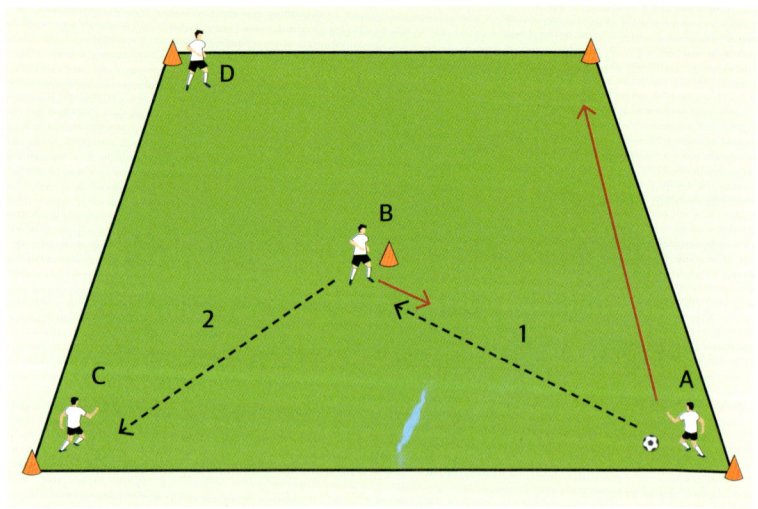

그림 2-31 수비형 미드필더의 패스 & 고(Go) 훈련

코칭 포인트

- 기술적 측면에서 핵심은 패스의 강도와 방향이다. 패스를 이어 받을 선수가 움직이고자 하는 방향으로 패스를 보내야 한다. 이는 패스를 받을 선수가 어느 방향으로 받고자 하는지 정확하게 신호를 줌으로써 정확도를 높일 수 있다.
- 선수들은 볼을 받기 전에 결정을 내려야 한다. 속도가 빠르면 빠를수록 이러한 결정을 내리기 어려워진다.
- 선수들이 새로운 위치로 이동할 때 움직이는 패턴을 다르게 하도록 유도한다. 예를 들어 이동할 때 그냥 스프린트만 하는 경우, 훈련이 진행되는 쪽을 등지고 이동하기 때문에 좋지 않은 습관이 형성될 수도 있다. 이럴 때에는 옆으로 이동하게 하거나 뒤로 움직이게 하는 등의 패턴을 하도록 유도하여 볼이 플레이하는 방향을 등지지 않도록 한다.

수비수를 배치하여 난이도를 높일 수 있다.

- 원터치 패스를 도입한다. 이는 선수들이 패스를 받을 수 있게끔 몸의 형태를 맞추게 하며, 또한 플레이 방식의 창의성을 도모할 수 있게 한다.
- 영역 내에서 드리블을 할 수 있는 선수 한두 명을 추가로 투입해 패스 훈련의 난이도를 높인다.
- 패스를 가로챌 수 있는 수비수 역할을 추가한다. 패스를 넘겨준 선수가 그다음 수비수 역할을 하도록 한다.

(6) 롱 패스 훈련

오늘날 축구에서는 단순히 5m 또는 10m의 패스로 수비형 미드필더의 제대로 된 역할을 수행할 수 없다. 수비형 미드필더는 넓은 시야로 필드 전체를 아우를 수 있어야 한다. 이 훈련은 세 명의 선수가 한 팀을 이루어 진행되는데, 수비형 미드필더가 한 각도에서 볼을 받아, 그 위치에서 자리를 만들어 다가오는 선수에게 볼을 높이 차올려 패스하는 훈련을 하는 것이다. 플레이 영역은 페널티 박스 밖에서 하프 라인까지에 이르는 영역이다.

수비형 미드필더는 중앙에서 흰색 셔츠를 입고 활동하며 나머지 두 선수는 각각 A·B가 쓰인 검정색 상의를 입고 서버 및 타깃의 역할을 한다. A 선수가 수비형 미드필더 역할을 하는 선수에게 패스를 하며 훈련이 시작되고, 수비형 미드필더는 한 각도에서 패스를 받아, 앞에 놓인 콘으로 돌진하는 B 선수에게 롱 패스로 넘겨준다. B 선수가 콘에서 볼을 잡으면, A 선수와 수비형 미드필더가 반대쪽 끝으로 스프린트할 때까지 기다린 후 반대 방향으로 공격을 진행한다. 3분 뒤 첫 패스를 하는 선수를 A 선수에서 B 선수로 바꾸어, 패스를 받는 수비형 미드필더 선수가 반대 방향인 왼쪽으로 패스를 받고 이후에 오른쪽으로 패스를 진행하도록 한다(그림 2-32).

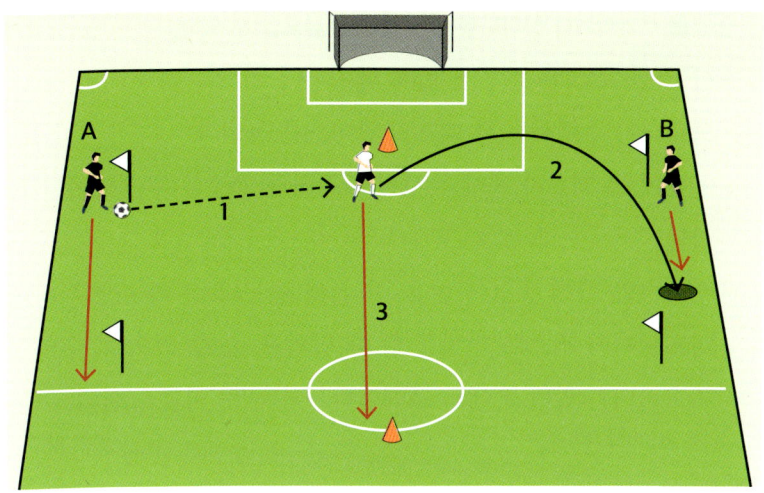

그림 2-32 수비형 미드필더의 롱 패스 훈련

코칭 포인트

- 수비형 미드필더 선수가 뛰고 있는 선수에게 패스를 할 때 높게 뜬 공으로 플레이하도록 한다.
- 수비형 미드필더는 다음과 같은 두 가지 이유로 인해, 첫 번째 선수로부터 횡패스를 받으면 절대 안 된다.
  - 패스가 중간에 차단되면, 두 선수 모두 수비에 가담할 수 없다.
  - 한 각도에서 패스를 받아 볼을 소유하는 것이 횡패스보다 더 쉽다.

압박을 추가하거나 난이도를 높여 경쟁을 유도할 수 있다.
- 타깃 선수(A 또는 B)가 첫 번째 패스부터 뛰도록 하여 수비형 미드필더가 수행하는 롱 패스의 난이도를 높인다.
- 공중에 뜬 패스가 콘에 무사히 안착하면 점수를 부여하여 기록한다.
- 수비수와 함께 중앙에 콘을 하나 더 놓는다. 수비수는 수비형 미드필더가 퍼스트 터치를 할 때 압박을 줄 수 있으며, 수비형 미드필더가 압박 속에서 플레이하도록 하는 역할을 한다.

(7) 공간 활용 & 1대1 훈련

엘리트 수비형 미드필더의 요건 중 하나로 늘 언급되는 것이 패스의 일관성이다. 그러나 각각의 기술을 따로 훈련하는 연습이 실제 경기에서 효과가 있을지는 확신할 수 없다. 다음은 압박 속에서 볼을 받고, 공간을 만들어 볼을 한 곳에서 다른 곳으로 이동하는 1대1 훈련에 대한 내용이다.

훈련은 15 × 15 m에서 진행되며, 이는 선수의 능력 수준에 따라 변형할 수 있다. 각각 세 명의 선수로 이루어진 두 팀이 훈련에 참여한다. 두 명의 홀딩 미드필더가 중앙에, 양옆에는 타깃 선수들이 위치한 상태로 시작한다. 규칙은 간단하다. 검정색 상의를 입은 팀이 한쪽 끝에서 다른 끝으로 볼을 이동시키면 점수를 얻는다. 반대로, 흰색 상의를 입은 팀도 팀이 서 있는 위치에서 다른 끝으로 볼을 이동시키면 점수를 얻는다. 타깃 선수들은 서로에게 플레이할 수 없으며, 중앙에 있는 수비형 미드필더를 통해서만 볼을 옮겨야 한다.

타깃 선수들은 또한 볼을 최대 두 번까지 터치할 수 있으며, 선수들이 역할을 바꾸기 전까지 90초의 시간을 두고 플레이한다(그림 2-33).

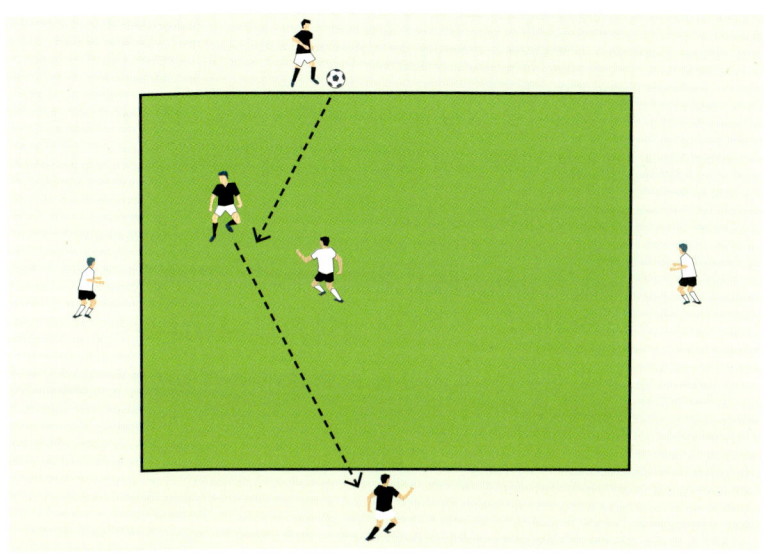

그림 2-33 수비형 미드필더의 공간 활용 & 1대1 훈련

코칭 포인트

- 계속해서 공간을 만들어내는 수비형 미드필더가 게임에서 이길 것이다. 수비형 미드필더들이 패스를 받을 때 패스하는 선수를 바라보는 방향에서 받지 않도록 하는 것이 중요하다. 대신, 양 옆으로 공간을 열어 패스를 하는 선수와 타깃 선수를 동시에 바라볼 수 있도록 시야와 공간을 확보해야 한다.

- 패스를 받는 기술도 연습이 될 것이다. 수비형 미드필더가 전진할 수 있을 만큼 공간을 만들었다면 뒷발로 패스를 받아 공간을 '열도록' 한다.
- 볼에 대한 소유권에 크게 연연해하지 않도록 한다. 만약 볼이 상대팀으로 넘어가게 된다면 그대로 득점으로 이어질 수 있다. 그러므로 공격하는 상황이 아니라면 수비형 미드필더가 다시 돌아가 패스를 받았던 선수에게 다시 패스를 해줌으로써 위치를 조정하고 재개하도록 한다.
- 좁은 공간에서 하는 1대1 훈련이기 때문에 수비로의 전환이 성공하는 데 핵심이다. 선수들이 제대로 된 압박을 빨리 가할 수 없다면 상대 선수는 더 자유롭고 빠르게 득점을 할 수 있을 것이다.

터치 횟수와 시간 제한을 활용할 수 있다.
- 박스 바깥에 위치한 선수들은 원터치로 플레이하도록 한다. 기술적 난이도를 높일 뿐만 아니라, 선수들이 중간에서 공간을 더 빨리 찾도록 연습할 수 있게 한다.
- 점수를 계속 부여하여 1분을 한 세트로 진행하고, 세트당 이기고 지는 팀이 있게끔 한다. 이는 경쟁적 요소를 더해 훈련의 스피드를 높인다.

4. 공격형 미드필더

공격형 미드필더는 마법처럼 경기를 잠금 해제할 수 있는 영감을 주는 플레이어이다. 지단, 카카, 사비, 파브레가스, 데브라위너 같은 선수들이 대표적인 10번 공격형 미드필더이다. 축구 경기에서 팀이 빠르게 수비 전환을 하고 수비 라인이 점점 더 밀집됨에 따라 공간이 줄어들었을 때 공간을 확보하는 것은 매우 중요한 요소가 되었다. 최고의 공격형 미드필더는 바로 이러한 공간을 만들고 활용할 줄 아는 선수이다.

최고의 선수는 다른 선수보다 축구에 대한 보다 더 깊은 이해를 갖고 있다. 주변의 모든 것이 흥분된 상황일 때 차분하게 대처한다. 그들은 압박을 느끼지 않는다. 그들은 공격 진영 내 좁은 공간에서 공을 받는 것에 위협을 느끼지 않는다. 그들은 경기를 보고 읽으며, 경기의 템포를 이해하고 있다. 그리고 일반적으로 주변에 대한 놀라운 인지 능력을 갖고 있다. 그들은 다른 사람들이 볼 수 없는 패스를 보고 실행한다.

공격형 미드필더의 역할은 최근 몇 년간 다음 두 가지 주요 영역에서 변화되어 왔다.

- **득점** : 공격형 미드필더의 주요 책임은 득점을 돕거나 만들어내는 것이지만, 득점하는 것이 공격형 미드필더의 중요한 역할이

되었다. 공격형 미드필더에게는 시즌당 12~15골 정도의 득점이 요구되고 있다.

- **수비 책임에 대한 분담** : 위대한 선수들은 경기의 수비 측면을 걱정할 필요가 없었다. 그들의 탁월함과 영감은 수비 가담보다는 공격에 전념하여 결과를 만드는 데 집중하게 만들었다. 그러나 현대 축구 경기에서는 이러한 사고 방식이 크게 바뀌었다. 오늘날 공격형 미드필더는 빠른 수비 전환과 볼이 없을 때의 움직임으로 수비 전술에 적응하고 기여할 수 있어야 한다.

1) 창조적 포지션의 지도 방법

최고 수준의 공격형 미드필더가 되기 위해서는 특별한 성격이 요구된다. 이는 압박감이나 실수로 인한 결과를 두려워하지 않는 '모험가' 또는 '이단아'에게 유리하다. 만약 공격형 미드필더가 지속적으로 안전하게 경기를 하기로 결정하면 팀에 큰 문제가 발생하기 때문이다. 팀이 볼을 계속 소유할 수는 있겠지만 공격 방향으로의 공간이 줄어들어 공격수는 결국 팀에게 필요한 깊이(거리)를 제공하기 위한 움직임을 멈추게 될 수 있다. '안전하게 경기'하는 것은 다음 두 가지 방식으로 정의될 수 있다.

- 첫 번째 옵션으로 옆이나 뒤로 패스하여 경기하는 것
- 수비형 미드필더 쪽으로 내려서서 패스를 받아 플레이하는 것

젊은 선수들이 창조적인 선수로 발전하기 위해서는 표현의 자유가 필요합니다. …그들이 실패의 두려움 없이 기술을 시도하도록 장려해야 합니다.

– 아르센 벵거Arsene Wenger

경기에서 가장 어려운 기술 중 하나인 전방으로의 스루 패스 기술이 요구되는 포지션을 지도하려면 지도자가 세세하게 관리해서는 안 된다. 지속적으로 실수를 지적하면 어려운 시도를 하고자 하는 의욕이 꺾일 수밖에 없다. 지도자는 비언어적 의사 소통도 고려해야 한다. 터치 라인에서 신체 언어로 두려움, 좌절 또는 분노를 드러내는 것은 플레이메이커에 심각한 영향을 줄 수 있다. 이 특별한 선수는 경기장 내 가장 돋보이는 영역에서 자신을 드러내기 위해 자유, 신뢰, 긍정적인 에너지를 필요로 한다. 따라서 최소한의 간섭으로 최대의 영향을 줄 수 있다. 가장 성공적인 코치는 플레이메이커를 신뢰하며 경기를 만들어 가도록 책임을 부여하는 것이다.

2) 공격형 미드필더가 갖춰야 할 주요 요인

공격형 미드필더는 슈팅이 가능한 공격 지역에서의 결정적인 판단과 기술 실행이 중요한 포지션이다. 뛰어난 패스 연결 능력과 주변 상황을 빠르게 살필 수 있는 시야를 바탕으로 공간을 만들어 동료 선수들에게 슈팅 기회를 만들어 주거나 직접 슈팅하여 득점을 올려야 한다. 공격형 미드필더가 갖춰야 할 기술적·체력적·전술적·정신적 주요 요인은 다음과 같다.

(1) 기술적 요인
- 볼을 소유한 상태로 방향을 전환하고, 가속하고, 달리는 능력
- 드리블 돌파로 수적 우위를 만드는 능력
- 슈팅으로 연결되는 최종 패스 연결 능력
- 좁은 지역에서 공간을 만들고 찾을 수 있는 능력
- 완벽한 패스 실행 능력
- 중거리 슈팅 능력
- 압박 속에서의 볼 소유 능력
- 페널티 에어리어 내에서의 창의적인 1대1 돌파 기술

(2) 체력적 요인
- 가속 및 스피드
- 볼을 잃었을 때 빠르게 되찾는 능력
- 뛰어난 활동량(끊임없는 움직임 – 수비하기 어려움)
- 빠르게 수비 압박을 적용하는 능력
- 스로인과 골킥 상황에서 공중볼 경합 능력
- 몸싸움과 지속적인 압박을 버틸 수 있는 체력

(3) 전술적 요인
- 볼을 소유한 상황에서 빠르게 공격 라인을 위로 끌어올려 공격수를 지원할 수 있는 능력
- 공간에 대한 인지

- 수비 라인을 어떻게 돌파하여 골문을 향한 자세로 볼을 받을 수 있는지 판단하는 능력
- 경기에 대한 이해(언제 위험을 감수하는 플레이를 해야 할지, 또는 볼 소유권을 유지할지 등에 대한 이해)
- 상황 판단(언제 패스 또는 슈팅을 해야 하나)
- 공격 1/3 지역에서 전술적 과적overloads을 만들어내는 능력
- 박스와 공격 진영으로 들어가는 타이밍
- 수비적으로 시스템에 적응하고 팀에 도움을 줄 수 있는 수비 가담 능력
- 동료 미드필더의 역할 및 책임에 대한 이해

(4) 정신적 요인

- 볼 도착 전에 해야 할 일에 대해 인식과 명확한 판단
- 팀을 먼저 생각하는 자세(자신보다 팀원에게 도움이 될 수 있는 움직임과 패스)
- 위험 감수
- 압박을 감당할 수 있는 능력(언제나 볼을 원함)
- 긍정적 승리의 정신력winning mentality : 득점과 어시스트의 중요성

〈그림 2-34〉의 공격형 미드필더의 프로필 요인 그래프를 이용하면 선수들의 장단점을 쉽게 비교할 수 있고 개선해야 할 요인 등도 파악하여 훈련 비중 및 시간을 조정하는 자료로 사용할 수 있다.

공격형 미드필더 프로필 요인

기술적 요인
1. 전진 패싱(forward passing)
2. 슈팅
3. 지원(볼을 받을 수 있는 각도)
4. 1대1 창의적 돌파

정신적 요인
1. 인식
2. 압박 조절(handle pressure)
3. 상황 판단
4. 위험 감수

체력적 요인
1. 가속
2. 활동량
3. 근력
4. 동료 의식(work ethic)

전술적 요인
1. 공간에서 볼 받기
2. 움직임의 타이밍
3. 수비 가담의 이해
4. 경기 이해

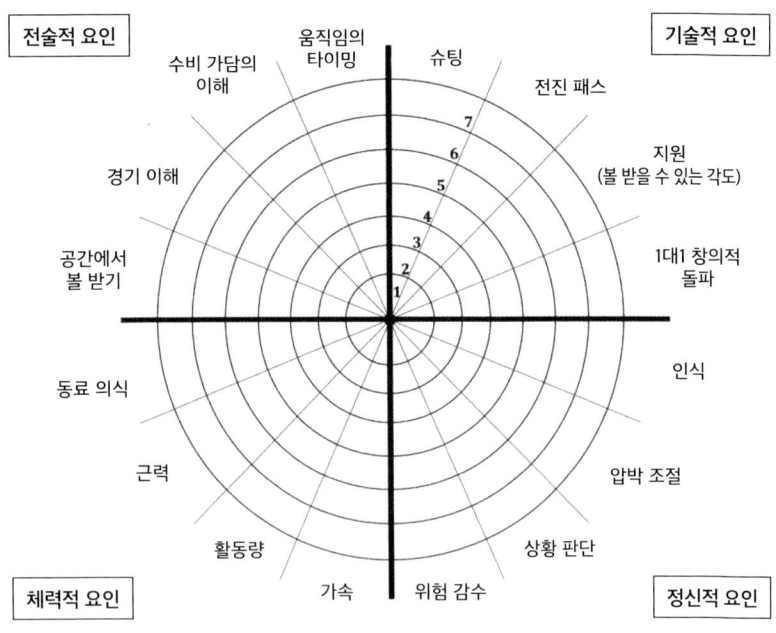

그림 2-34 공격형 미드필더의 프로필 요인

다음은 잉글랜드 프리미어 리그 웨스트햄 유나이티드 팀의 공격형 미드필더 육성을 위해 제시된 12~14세, 15~16세, 그리고 프로선수 17~21세의 연령별 기술적·전술적 주요 능력 요인을 나타낸 것이다.

표 2-10 공격형 미드필더 육성을 위한 12~14세 선수의 기술적·전술적 주요 능력 요인

12~14세 공격형 미드필더 – 자립 단계	
기술적 요인	전술적 요인
• 전방으로 플레이하기 좋은 자세로 볼을 받는 능력 • 방향을 전환하기 위해 양발의 다양한 면으로 볼을 컨트롤 • 골대를 등지고 압박이 있는 상황에서도 돌아서려 하는 의지 • 빠른 속도로 드리블 • 움직이면서 볼을 받고 패스하는 능력 • 다양한 거리와 각도에서 골을 결정짓는 테크닉 • 필드의 모든 선수를 참여시킬 수 있는 넓은 범위의 패스 • 수비수를 돌파하기 위한 다양한 개인 기술 및 패싱	• 상대 수비 라인 사이를 침투하는 기회 물색 • 상대 수비수 뒤에서 볼을 받으려는 움직임 • 상대 위험 지역에서 득점 기회를 만들어내기 위해 위험을 감수하는 창의성 • 중앙 미드필더와 스위칭 플레이를 통해 공간과 시간을 만들어 주는 능력 • 공수 전환 시 빠른 대응으로 볼 소유권 회복 후 역습 전개 • 최전방 공격수와 협력하여 상대 센터백을 압박 • 볼이 없을 때 4, 7, 8, 9, 11번 포지션 동료와 지속적으로 연계 • 볼 소유 시 4, 7, 8, 9, 11번 포지션 동료와 지속적으로 연계

표 2-11 공격형 미드필더 육성을 위한 15~16세 선수의
기술적·전술적 주요 능력 요인

15~16세 공격형 미드필더 - 졸업 단계	
기술적 요인	전술적 요인
• 빠르게 플레이하는 능력 : 내주기/ 패싱 / 퍼스트 터치로 수비 라인 무너뜨리기 • 움직이며 압박을 피해서 볼을 받아내는 능력 • 상대를 돌파하지 않고도 슈팅을 만들어내는 능력 (슈팅 각도 만들기) • 다양한 거리에서 다양한 테크닉으로 득점하는 능력 • 돌파를 위해 양쪽 방향을 모두 공략하는 시도 • 수비를 속이기 위한 개인 능력과 페인팅 보유 • 손, 팔, 몸을 이용하여 수비로부터 볼을 보호 • 골대를 등지고 받은 상황에서도 효과적으로 수비를 속여 골대를 마주보고 시야를 확보하는 능력	• 측면에서 상대 수비 라인 사이를 공략하여 침투하는 능력 • 수비수들 뒷공간에서 볼을 받기 위한 움직임을 가져가는 이해도 • 볼 소유/미소유 상황에서 공간을 찾아가는 움직임 • 빠른 공격 전개를 하는 상황 인지와 역습 시 패스를 받기 위한 움직임 • 꾸준히 득점을 위한 포지셔닝을 물색 • 최전방 공격수와 측면 미드필더들과의 스위칭 플레이 • 중앙 미드필더와 스위칭 플레이로 공간 창출 • 상대 수비형 미드필더를 교란시키는 움직임 • 볼 소유/미소유 시 모든 팀원들과 연계

표 2-12 공격형 미드필더 육성을 위한 17~21세 선수의
기술적·전술적 주요 능력 요인

17~21세 공격형 미드필더 – 프로 전환 단계	
기술적 요인	전술적 요인
• 압박받는 상황에서도 볼을 간수하며 밀착 마크하는 수비수를 벗겨내는 능력 • 수비수를 향해 드리블 시 어느 방향으로 공격할지 인지 • 페널티 박스 안과 밖 모든 각도에서 양발, 몸, 머리를 이용해 다양한 테크닉으로 골을 결정하는 능력 • 퍼스트 터치로 수비 라인을 붕괴시키는 능력 • 다양한 테크닉과 페인팅으로 넓은 범위에 정확한 패스 연결 • 양발과 몸의 모든 면으로 원터치 플레이 • 밀집된 중원에서도 땅볼과 공중볼을 움직이며 받을 수 있는 능력 • 볼을 터치 안 하고도 플레이를 만들어내는 능력	• 타이밍에 맞춰 득점 기회를 노려 페널티 박스에 침투하는 능력 • 직선과 곡선 침투로 수비 라인 뒤에서 볼을 받는 능력 • 페널티 박스 안과 밖에서 볼을 받아 득점하는 능력 • 측면 미드필더와 최전방 공격수와의 스위칭 플레이로 공격 전개 • 뛰어난 공간 인지 능력으로 침투 혹은 대기하는 상황을 이해 • 상황과 스타일에 따라 볼을 받고 공격의 템포를 조율 • 볼을 받은 상황에서 수비를 끌어들여 동료에게 공간을 만들어 주는 능력 • 상대 중앙 미드필더의 시야 밖에서 볼을 받아 공격을 이끄는 능력

3) 트레이닝 프로그램

경기 결과에 대한 압박감이 높아지면서 공격형 미드필더에게 더 많은 것이 요구되고 있다. 지도자들이 더 많이 뛰고 움직이는 공격형 미드필더를 선호하는 경향이 나타나고 있지만, 경기의 흐름을 한 순간에 바꿀 수 있는 예술적 영감을 가진 공격형 미드필더 육성은 팀 성공에 있어 매우 중요한 부분임을 간과해서는 안 된다.

(1) 방향 전환 컨트롤 & 패스 훈련

순간적으로 빠른 결정을 내릴 수 있는 공격형 미드필더는 팀이 공격할 수 있는 공간을 열어 줄 수 있다. 따라서 여러 각도에서 빠르게 볼을 받아 패스할 수 있다면 이 상황을 더 잘 활용할 수 있을 것이다. 더 깊게 수비하고 볼 뒤에서 방어하는 팀과 경기를 하는 상황을 생각하면, 빠른 템포로 공간을 열어 주고 볼을 움직일 수 있는 공격형 미드필더가 필요하다.

이 훈련은 15×15 m 공간에서 4명의 선수가 참여하며, 4개의 콘과 2개의 볼을 활용한다. 한 명의 미드필드 선수(B 선수)가 내부에서 지속적으로 움직이고, 세 명의 선수가 바깥에서 움직인다. A 선수가 B 선수에게 패스하며 시작되고, B 선수는 빠르게 공간을 열고 C 선수에게 패스한다. 패스 후 A 선수는 빠르게 비어 있는 콘을 향해 달려야 한다. 첫 번째 볼을 패스한 후, B 선수는 D 선수에게서 다음 패스를 받으며 계속한다. B 선수는 항상 볼을 받기 위해 준비하고 열려 있는 선수에게 패스한다. 바깥쪽의 선수들은 계속 패스 기회를 통해 비어 있는 콘으로 이동한다. 45초 후, B 선수를 다른 선수로 교체하고 다음 연습을 진행한다(그림 2-35).

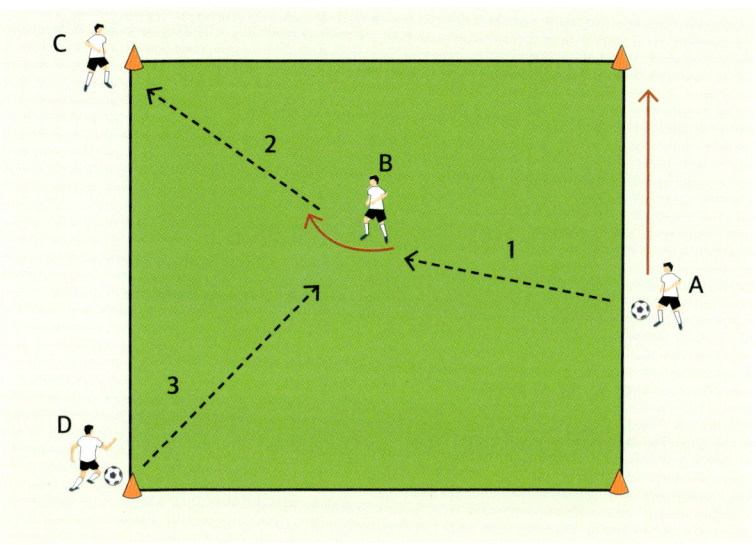

그림 2-35 공격형 미드필더의 방향 전환 컨트롤 & 패스 훈련

코칭 포인트

- 퍼스트 터치가 중요하다.
- 중간에 위치한 선수는 지속적으로 주변을 살피며 누가 열려 있는지 확인한다.
- 훈련 속도를 높인다.
- 시작 패스 속도를 높인다.
- 중간에 위치한 선수는 최대한 빠르게 볼에 접근하여 컨트롤한다.

- 중간에 위치한 선수의 플레이 속도, 패스의 정확도와 속도를 높인다.

성공 횟수로 경쟁을 유도하고 다양한 훈련 공간의 크기에 변화를 준다.
- 각 선수는 1분의 시간을 가지며, 코치는 성공한 패스 횟수를 기록한다.
- 훈련 공간의 크기 변화
  - 속도를 높이기 위해 공간을 더 작게 한다.
  - 공중볼을 패스하고 받기 위해 공간을 더 크게 한다.

(2) 드리블 & 패스 훈련

드리블은 공격형 미드필더와 항상 연관이 있는 기술은 아니지만 밀집한 수비 시스템으로 인해 더 좁은 공간을 생성하는 오늘날의 경기에서 중요한 공격 방법이 되었다. 이 훈련은 공격형 미드필더에게 드리블 정보를 빠르게 처리하고 압박 상황에서 패스를 주고받을 수 있는 능력을 테스트한다.

한 번에 4명의 미드필더가 20×20m 공간에서 연습한다. 각 라인에는 4개의 골대가 있고 중간에는 4개의 폴대가 있으며, 주변에는 볼이 잘 공급될 수 있도록 비치한다. 코치의 신호에 따라 모든 선수는 볼을 가지고 중앙으로 드리블하고, 각도를 두고 빠져나와 골대에 직접 패스한다. 패스 후, 선수는 라인 바깥으로 빠르게 뛰어 볼을 가지고 다시 중앙으로 드리블하여 연습을 시작한다. 해당 연습은 90초 동안 지속된다(그림 2-36).

훈련에는 다음 두 가지 규칙이 있다.

- 두 선수는 드리블 후 같은 골대로 패스할 수 없다. 중앙 지역에서 먼저 벗어나는 선수가 우선권을 갖는다. 두 번째 선수는 다시 중앙으로 돌아가서 다른 골대를 찾아야 한다.
- 같은 골대에 두 번 갈 수 없다.

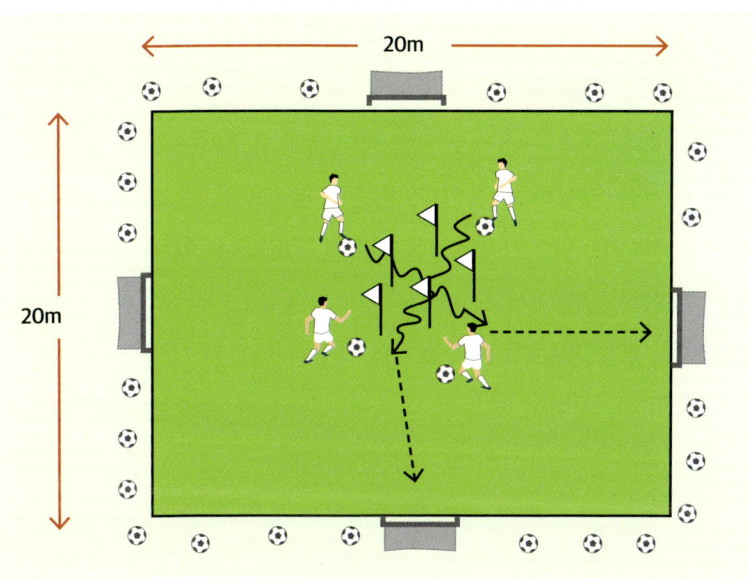

그림 2-36 공격형 미드필더의 드리블 & 패스 훈련

코칭 포인트

- 중앙 영역으로 드리블할 때 속도 변화를 활용한다.
- 최고 속도로 중앙에서 드리블해 빠져나온다.
- 시간과 경쟁의 압박 상황에서 패스의 정확도와 속도를 높인다.
- 피로가 누적될 때 패스의 질이 떨어지지 않도록 주의한다.

득점으로 경쟁을 유도하고 선수를 추가로 배치할 수 있다.
- 매 골마다 1점으로 미드필더 간의 경쟁을 유도한다.
- 선수가 중앙에서 드리블할 때 볼 터치를 제한함으로써 패스 거리를 더 길게 한다.
- 골대 옆에 선수를 추가하여 미드필더로 하여금 골대로 패스하기 전에 주고받기give-and-go를 하도록 한다.

(3) 패스 & 러닝 훈련

이 훈련의 목적은 공격형 미드필더에게 요구되는 체력적·기술적 요구 사항을 결합하는 것이다. 수준이 높을수록 두 요소의 균형이 더 중요하다. 스피드가 뛰어나 공간을 커버할 수 있는 공격형 미드필더가 압박 상황에서 볼을 컨트롤하지 못하고 빼앗기면 경기에서 활용되지 못할 것이다. 마찬가지로 다양한 기술로 다양한 패스 능력을 가졌지만, 체력이 부족한 미드필더는 경기 속도와 체력적 요구 사항 때문에 항상 차선의 선택이 될 것이다.

이 훈련은 한 선수가 연습을 진행하는 동안 다른 선수는 서버 역할을 하는 형태로 짝을 구성한다. 연습은 두 부분으로 나누어 진행한다.

첫 번째 부분(시작 부분)에서 선수는 서버 선수로 볼을 받고 원터치 리턴을 한 다음 미니 골대로 패스(첫 번째 터치)한다. 두 번째 부분은 체력 운동으로, 중앙 미드필더는 같은 동작을 다시 수행하기 위해 폴대 주위를 뛰어 (1) 서버로 다시 돌아온다. 세 명의 미드필더가 동시에 연습을 진행하여 경쟁을 유도하고 경기의 체력적·기술적 요인의 훈련을 실시한다. 볼 다섯 개에 대한 연습을 마치면 서버 역할로 즉시 전환한다(그림 2-37).

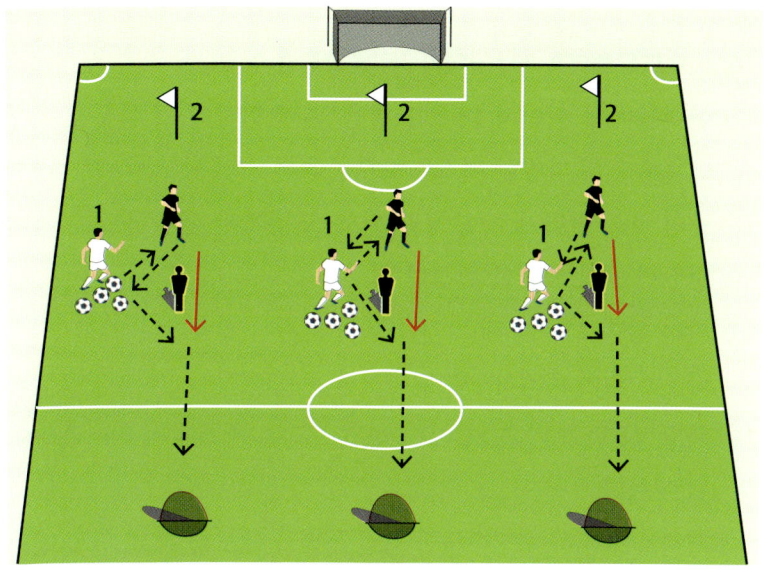

그림 2-37 공격형 미드필더의 패스 & 러닝 훈련

코칭 포인트

- 서버와 볼을 주고받는 동안 실제 경기 수준의 패스 속도와 움직임을 유지한다.
- 피로가 누적되면 기술적인 측면에서 어려움을 겪는지 파악하여 지도한다.
- 잘못된 패스에 대한 선수의 반응이 어떤지 확인하여 연습을 계속해서 진행하고 다음 패스에 집중하도록 격려한다.

- 선수들은 원터치로 플레이해야 하는 경우, 패스 속도를 늦추는 경향이 있는데, 이를 인식하고 주고받기 또는 최종 패스 상황에서 느린 패스를 허용하지 말아야 한다.

패스 속도를 높이고 미니 골대의 거리를 조정할 수 있다.
- 선수들에게 원터치 패스 조합을 위해 인사이드, 아웃사이드, 인프론트 등 다양한 패스를 요구한다.
- 중앙 미드필더가 오른쪽과 왼쪽 모두에서 연습하도록 서버 선수의 시작 측면을 변경한다.
- 미니 골대로의 롱 패스 기술을 여러 가지 활용한다. 예를 들어, 바운스 없이 득점하도록 요구하면 로프트 패스 lofted pass 훈련이 되고, 한 번의 바운스를 요구하면 드리븐 패스 driven pass 훈련이 될 것이다.
- 경쟁을 유도하여 선수들이 직접 득점을 세도록 하고, 다섯 개의 볼을 먼저 끝내는 선수에게 보너스 포인트를 준다.

(4) 패스 & 위치 이동 훈련

이 훈련은 5명의 미드필더가 참여하며, 4개의 10×10m 공간 안에 5×5m 공간을 구성한다. 선수 간 패스를 진행하는데, 패스 후에는 왼쪽, 오른쪽 또는 중앙의 다른 선수와 위치를 변경해야 한다. 두 번의 볼 터치가 허용된다(그림 2-38).

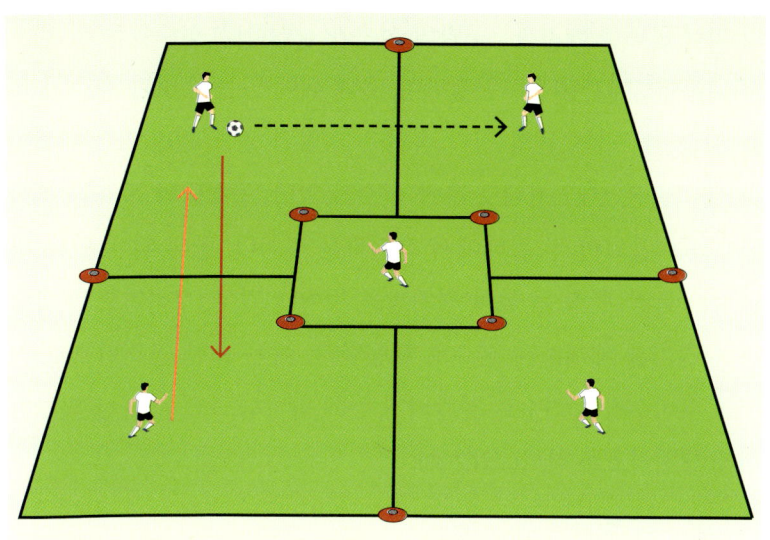

그림 2-38 공격형 미드필더의 패스 & 위치 이동 훈련

코칭 포인트
- 선수는 전체 경기장을 살펴볼 수 있도록 볼이 오는 반대편 방향으로 볼을 컨트롤한다.
- 움직임에 관계없이, 선수는 항상 중앙을 바라보고 볼을 볼 수 있어야 한다.

(5) 3대 2 패스 훈련

공격형 미드필더에게 수비를 맡기거나, 공격수와 연합하거나, 지속적으로 공격 진영으로 경기해야 하는 상황에 놓이게 함으로써 상황 판단 능력을 향상시킨다. 이 훈련을 통해 득점 성공과 실패를 모두 경험할 수 있다. 이 연습은 40×20m 공간에서 이루어지며 4개의 미니 골대를 배치하고 6명의 선수가 참여한다. 선수들은 두 팀으로 나누어 3대2 형태로 진행하며, 골대 뒤에 있는 수비팀 선수가 볼을 공급한다. 선수들의 경기 공간은 지정된 필드 절반으로 제한되며, 공격팀은 3대2 형태로 추가 선수가 있다. 공격팀의 목표는 추가 선수를 이용하여 두 골대에서 득점하는 것이다. 골대 뒤에 있는 두 선수는 득점 후 또는 볼이 경기장을 벗어난 경우, 수비팀으로 합류하여 경기를 재개하는 선수로 행동한다. 이는 또한 공격팀으로 하여금 수비수가 공격수로 전환되기 전에 압박하고 볼을 다시 되찾기 위해 도전하도록 한다(그림 2-39).

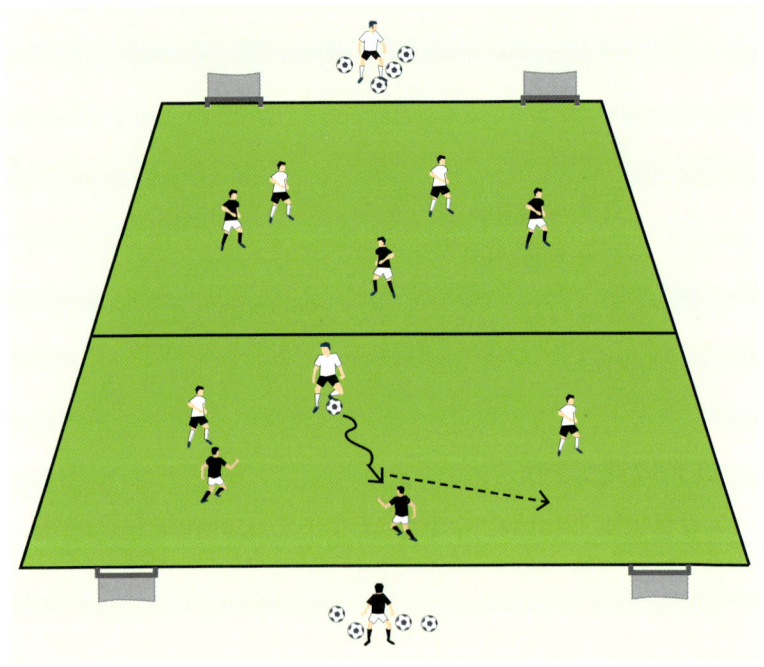

그림 2-39 공격형 미드필더의 3대2 패스 훈련

코칭 포인트
- 선수들이 이 연습을 볼 소유 연습으로 바꾸지 못하게 해야 한다.
- 성공은 패스로 측정되는 것이 아니라 공격 기회의 창출로 측정된다.
- 공격자는 빠르게 공격하도록 장려하고 항상 공간을 활용하여 공격하도록 한다.
- 너비와 깊이는 침투의 열쇠이다. 세 명의 공격수 사이에서 움직임 패턴을 연습할 수 있다. 그들의 움직임이 유동적이고 지능적이라면 공간은 열릴 것이다.

공격 제한 시간을 활용하거나 선수 수의 변화를 통해 경쟁을 높일 수 있다.
- 공격팀의 득점 시간에 제한을 둔다. 이는 더 큰 다급함을 이끌어내며, 선수들이 실수하도록 압박한다.
- 공격 선수가 더 많이 침투하여 공격 상황을 만들도록 최대 패스 수에 제한을 둔다.
- 골대 뒤의 수비수가 볼을 소유하면 바로 경기에 참여할 수 있도록 한다. 그러면 3대3 형태가 되어 공격자의 수비 가담을 높일 수 있다.
- 경쟁을 유도하면 운동 강도가 높아진다.

(6) 3대3 + 타깃 플레이어 활용 훈련

미드필더의 공격 및 수비 능력을 모두 높일 수 있는 스몰 사이드 게임Small Sided Game 경기이다.

이 연습은 20×15m 공간에서 8명의 선수와 4개의 미니 골대를 배치하여 진행한다. 각 팀은 진영에 3명의 선수가 있고 반대쪽 골대 뒤에는 타깃 선수가 위치한다. 한 팀이 볼을 소유한 상태로 시작하고, 수비팀은 중앙 라인을 깨고 볼을 압박한다. 볼을 소유한 팀은 미니 골대로 슈팅하거나 타깃 선수에게 패스함으로써 득점할 수 있다. 볼을 압박하지 않고 있는 두 명의 수비 선수는 슈팅을 멈추거나 타깃 선수를 향한 패스를 막기 위해 블록을 구성할 수 있다. 득점한 팀이 볼 소유권을 계속 갖고 마지막으로 압박을 가한 선수를 교체한다 (그림 2-40).

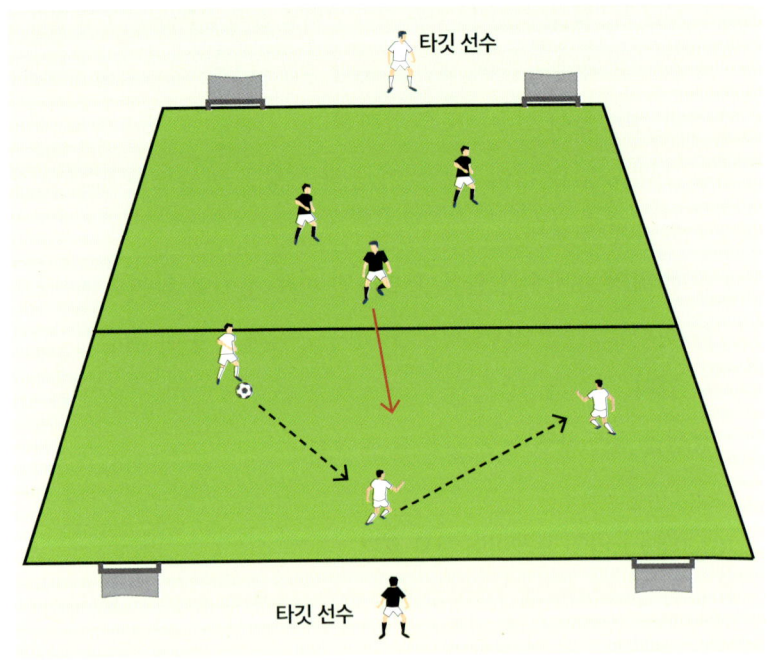

그림 2-40 공격형 미드필더의 3대3 + 타깃 플레이어 활용 훈련

코칭 포인트

공격
- 선수는 볼을 빠르고 목적에 맞게 움직여야 한다. 목표는 공간과 간격을 만들어 경기하는 것이다. 선수들은 위험을 감수하고 서로 연합하여 이를 수행한다.
- 득점 기회를 만들기 위해 볼을 소유한 상태로 진행한다. 이를 위해서는 볼을 지능적으로 움직이고 공간을 만들어야 한다.
- 볼을 소유한 상태로 선수가 득점 기회를 위해 빠르게 주위를 살피는 것을 강조한다. 앞으로 전진하는 경기를 할 수 없다면, 계속 볼을 소유해야 한다. 이를 통해 상황 판단 능력을 향상시킬 수 있다.

수비
- 팀으로 함께 경기한다. 공간이 빠르게 열리지 않도록 서로 소통하고 함께 움직여야 한다.
- 압박을 가할 때 필드 진영을 반으로 나누고 전진 패스할 때마다 압박을 가할 수 있도록 노력한다.

수비 참여 선수 수의 변화를 활용해 압박 강도를 높일 수 있다.
- 두 명의 수비 선수가 함께 이동해서 압박을 가하도록 허용함으로써 연습을 3대1에서 3대2로 변경한다.
- 볼을 소유한 팀에 최대 패스 수의 제한을 둔다.
- 타깃 선수는 뒤에서 압박을 가할 수 있다.

- 타깃 선수는 한 번에 5초 동안 상대 지역에 입장할 수 있도록 한다. 볼을 소유한 팀은 미니 골대를 통해서만 득점할 수 있고 근거리에서 득점하기 위해 타깃 선수에게 패스할 수 있다.

(7) 콤비네이션 패스 & 슈팅 훈련

훌륭한 공격형 미드필더는 항상 움직인다. 그들은 팀원들과 연합하여 공격하며, 또 바로 득점 위협을 가하기 위해 움직인다. 이 훈련은 공격형 미드필더가 주요 지원 관계를 인식하고, 이를 활용하여 빠른 속도로 공격하고 슈팅으로 마무리하는 데 중점을 두고 있다.

3명의 미드필더와 2명의 서버 선수가 함께 연습에 참여한다. A 선수는 공격형 미드필더로 시작하고, B 선수와 C 선수는 A 선수와 결합할 수 있는 중앙 미드필더의 역할을 한다.

1단계
- 서버 선수 1이 A 선수에게 빠르게 패스를 하며 시작한다.
- A 선수가 볼을 B 선수 또는 C 선수의 공간 앞으로 패스한다.
- C 선수는 빠르게 마네킹 반대편에 있는 A 선수에게 패스한다. A 선수는 패스를 받고 미니 골대 중 하나로 패스한다 (그림 2-41).

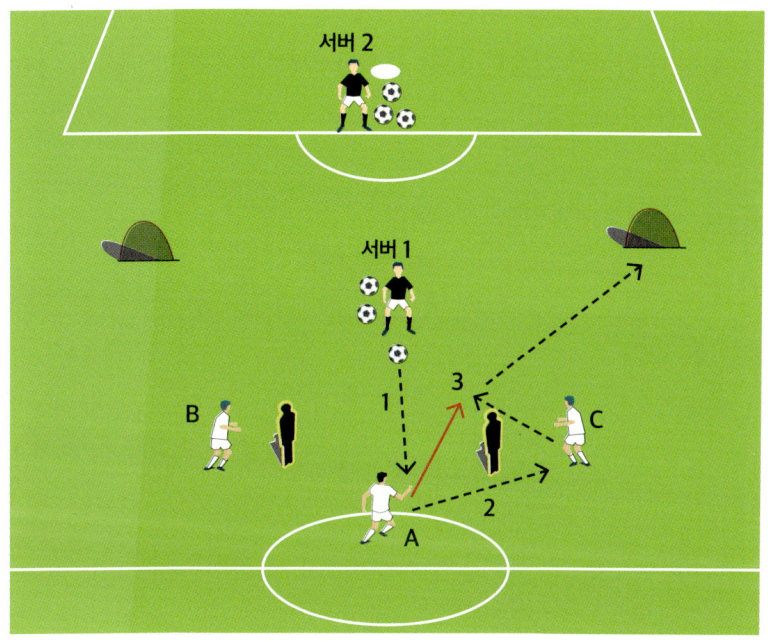

그림 2-41 공격형 미드필더의 콤비네이션 패스 & 슈팅 훈련 1

2단계

미니 골대로 패스한 후, A 선수는 페널티 박스 위쪽에 위치한 서버 선수 2를 향해 스프린트한다. 서버 선수 2는 A 선수가 5m 정도 거리에 있을 때 볼을 패스하고, A 선수는 한 번의 터치로 각도를 설정하고 두 번째 터치로 골대를 향해 슈팅한다.

슈팅 직후, A 선수는 B 선수 또는 C 선수 위치로 회복 러닝recovery run을 하여 위치를 전환한다. 각 선수가 5세트를 수행할 때까지 연습을 계속한다(그림 2-42).

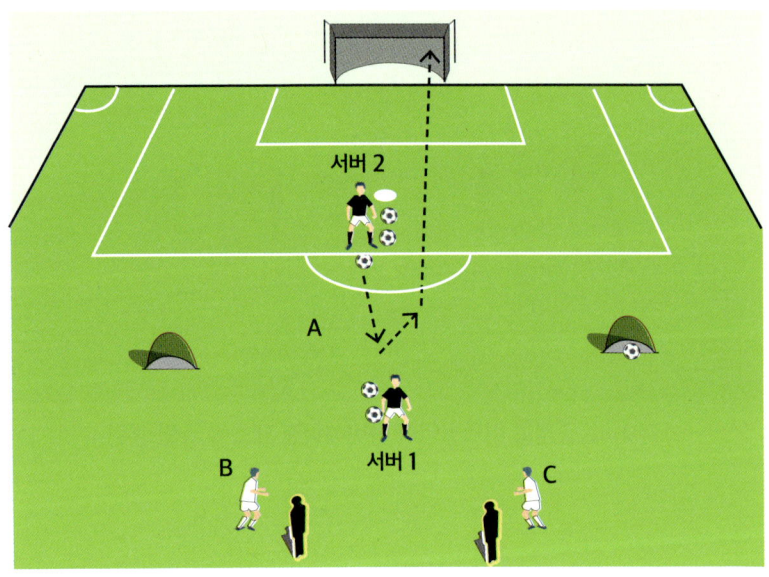

그림 2-42 공격형 미드필더의 콤비네이션 패스 & 슈팅 훈련 2

코칭 포인트
- 실제 경기 수준으로 중앙 지역에서 콤비네이션 패스를 한다.
- 미니 골대로 향하는 최종 패스의 속도와 정확성의 질적인 부분을 강조한다.
- 서버 선수 2의 패스 후, 공격형 미드필더는 볼을 컨트롤할 수 있으면서도 수비수를 따돌릴 수 있는 정도의 거리에서 퍼스트 터치를 한 후 슈팅으로 연결한다.

시간 제한을 활용하여 기술과 체력의 부담을 높일 수 있다.
- 연습 시간 제한을 추가하고 공격형 미드필더에게 20초 안에 회복 러닝을 포함하여 1단계와 2단계를 완료하도록 주문한다.
- 공격하는 미드필더에게 미니 골대로 패스를 하는 것처럼 속이고 대신 다른 방법으로 공간을 열어서 경기하도록 주문한다.
- 성공 패스와 슈팅 점수를 세어 세 미드필더 사이의 경쟁 상황을 만든다. 골키퍼를 추가할 수도 있다.

5. 측면 공격수

현대 축구에서는 측면 공격수를 윙어winger, 인버티드 윙어inverted winger, 와이드 미드필더wide midfielder, 와이드 포워드wide forward 등 다양한 용어로 구분한다. 그리고 이러한 다양한 측면 공격수는 다른 시스템이나 포메이션에서 서로 다른 역할을 수행한다. 이 장에서는 측면 공격수wide attackers라는 용어를 사용할 것이다. 측면 공격수를 일컫는 새로운 용어가 많이 등장하였으나, 축구 역사에서 그 중요성은 변하지 않았다. 넓은 공간을 창출하고, 창출한 공간을 바탕으로 여유를 갖고 기회를 노리며 득점에 성공하는 측면 공격수의 활용은 단순하면서도 효율적인 축구를 실현한다.

그러나 최근 들어 넓은 측면 공간에서의 선수 기용 방법에 다양한 변화가 나타났다. 팀에 미치는 영향을 설명하지 않더라도, 선수들의 출발 지점과 움직임 패턴을 조정하면 선수 개개인의 경기력과 플레이 스타일에 큰 변화를 줄 수 있다.

현대 축구에서 측면 공격수는 다음 세 가지 유형으로 나눌 수 있다.

- **전통적 윙어** : 전통적 윙어traditional winger는 점차 사라져 가고 있는 포지션이다. 전통적 윙어의 역할은 간단명료하다. 윙어의 주된 역할은 득점하는 것이 아니라, 가능한 넓게 위치하고 측면 공간을 활용하여 득점 기회를 만드는 것이다. 1990년대

중반까지 윙어는 주로 상대 수비수와 1대1 대결을 하고 날카로운 크로스를 전달하는 역할을 하였다.

- **인버티드 윙어** : 인버티드 윙어inverted winger는 안으로 침투하여 좋은 각도에서 슈팅을 하기 위해 왼발잡이 선수는 오른쪽 측면에, 오른발잡이 선수는 왼쪽 측면에 위치한다. 인버티드 윙어는 혼잡한 페널티 공간으로 위협적인 인스윙 크로스를 보내준다. 인버티드 윙어가 미드필더의 움직임을 제한하고 측면 공간을 활용하지 못하여 득점력을 떨어뜨리는 원인이 될 수도 있으나, 인버티드 윙어가 안으로 침투할 때 공격적 풀백을 전진 배치하여 측면 공간을 활용할 수도 있다.

- **내측 공격수** : 내측 공격수inside forward에 의해 이루어지는 득점이 주된 방법이 되고 있다. 측면 공격수를 최전방 공격수를 돕는 보조 중앙 공격수support striker로 활용하여 내측 공격수의 움직임을 극대화하는 4-3-3 전술이 좋은 예이다. 내측 공격수는 수비 지역과 중앙 지역을 비교적 자유롭게 이동할 수 있다. 인버티드 윙어와 비슷한 방법으로, 공격형 측면 수비수의 움직임이 공간을 만든다. 내측 공격수는 공격형 미드필더 역할을 수행하는 것이 편할 수 있지만, 측면 공격수로서 더 많은 공간을 창출해야 한다.

1) 측면 공격수 역할의 변화

전술 변화 및 선수의 장단점 활용을 위한 측면 공격수의 역할은 포메이션에 따라 변화하는데, 중요한 요소는 다음과 같다.

- **투 스트라이커 활용 감소** : 최전방 공격수 두 선수가 뛰어난 연계를 하는 경우는 드물다. 지원 공격수로서의 역할 범위가 골문 앞 지역보다는 미드필드 지역으로 내려가서 플레이하는 경향이 많아지고 있다.

- **커버플레이의 중요성** : 현대 축구에서 수비수가 측면 공격수와 1대1 상황이 되는 경우는 드물다. 측면 공격수는 측면 수비수와 함께 전방으로 공격에 가담하기 위해 최대한 빠르게 움직인다.

- **점유율의 중요성** : 볼을 계속해서 소유하는 것이 중요하므로, 현대 축구에서 공중 크로스를 고집하는 방법이 선호되지 않는다.

- **수비 전환의 중요성** : 현대 축구에서 볼 소유권을 빼앗기면, 많은 선수가 즉시 볼 뒤쪽으로 이동하여 수비를 위한 공간을 확보하는 것이 중요하다. 터치라인에 있는 전통적인 윙어는 수비에 가담하기 위해 중앙에 있는 측면 공격수보다 긴 거리를 이동해야 한다.

- **공격형 측면 수비수의 역할** : 현대 축구에서 많은 감독이 측면 수비수가 계속해서 터치라인을 따라 공격하는 전술을 활용한다. 이런 전술에는 공간이 필요한데, 측면 공격수는 측면 수비수와 연계하여 적절한 시점에 안쪽으로 침투하는 것이 중요하다.

2) 측면 공격수가 갖춰야 할 주요 요인

많은 청소년 선수들이 성공적인 측면 공격수가 되기를 꿈꾸지만, 실제로 그 꿈을 이루는 선수는 많지 않다. 측면 공격수는 경기에서 승리하기 위해 자신이 선호하는 측면에서만 움직이거나 크로스를 보내는 것만으로는 부족하다. 위대한 선수가 되기 위해서는 더 많은 것이 필요하다. 루이스 피구Luis Figo는 왼쪽과 오른쪽 측면에서 언제든지 나타나 활약할 수 있었고, 티에리 앙리Thierry Henry는 아스날에서 세계적인 공격수로 활약하기 이전에 유벤투스와 모나코에서 윙어로 뛰었다.

창의적인 측면 공격수가 갖춰야 할 기술적·체력적·전술적·정신적 주요 요인은 다음과 같다. 〈그림 2-43〉 측면 공격수의 프로필 그래프를 이용하면 선수들의 장단점을 쉽게 비교할 수 있고, 개선해야 할 요인 등도 파악하여 훈련 자료로 활용할 수 있다.

(1) 기술적 요인
 - 뛰어난 기본 기술 : 볼을 받고 연결하기
 - 안으로 침투하거나 터치라인 방향의 드리블 돌파 기술

- 빠른 속도로 움직이며 크로스하는 능력
- 다양한 각도에서 다양한 방법으로 크로스하는 능력
- 창의적이고 효율적인 1대1 상황
- 중거리 슈팅
- 동료 공격수와의 콤비네이션 플레이

(2) 체력적 요인

- 볼을 소유할 때와 소유하지 않을 때 빠른 움직임
- 뛰어난 유산소 및 무산소 능력
- 빠른 회복 능력(빠른 공수 전환)
- 뛰어난 활동량
- 실제 경기의 높은 체력적 요구 수준에 부응하는 체력
- 수비 가담 능력

(3) 전술적 요인

- 측면 수비수와 연계
- 언제 어디로 이동할지 출발 시점 파악
- 공간 인지 및 창출 방법 이해
- 수적 우위 상황의 이행과 실행
- 팀 시스템의 요구에 따른 수비 역할 수행
- 경기 상황에 대한 적응 능력

(4) 정신적 요인
 - 공격적 전진 플레이 비전
 - 볼이 없을 때 팀을 위해 빠르게 움직이려는 의지와 자세
 - 수비 돌파, 정확한 크로스, 그리고 슈팅 가능 지역에서의 슈팅 등에 대한 자신감
 - 공격 1/3 지역에서의 상대방 압박
 - 결정적인 순간에서의 침착한 기술 발휘

측면 공격수는 드리블 돌파 능력도 중요하지만 동료 선수에게 득점 기회를 만들어 주는 역할을 해야 한다는 것을 잊어서는 안 된다. 전진할 수 있는 공간을 만들거나, 동료에게 골키퍼와 1대1 상황을 만드는 패스를 해준다면 측면 공격수의 역할을 훌륭히 수행하는 것이다. 지도자는 측면 공격수가 측면 공격에 적응하고 뛰어난 움직임을 보이면, 기준을 높이고 또 다른 필요한 능력을 갖추도록 포지션별 전문 훈련을 실시해야 한다.

측면 공격수 프로필 요인

기술적 요인
1. 1대1 드리블
2. 슈팅·크로싱 능력
3. 스피드 있는 플레이
4. 콤비네이션 플레이

정신적 요인
1. 공격적 비전
2. 압박 다루기
3. 침착성
4. 위험 감수

체력적 요인
1. 스피드
2. 움직임
3. 지구력
4. 팀 동료와의 성실한 협력

전술적 요인
1. 풀백과 협업
2. 움직임 타이밍
3. 수적 우위 인식
4. 경기 흐름 이해

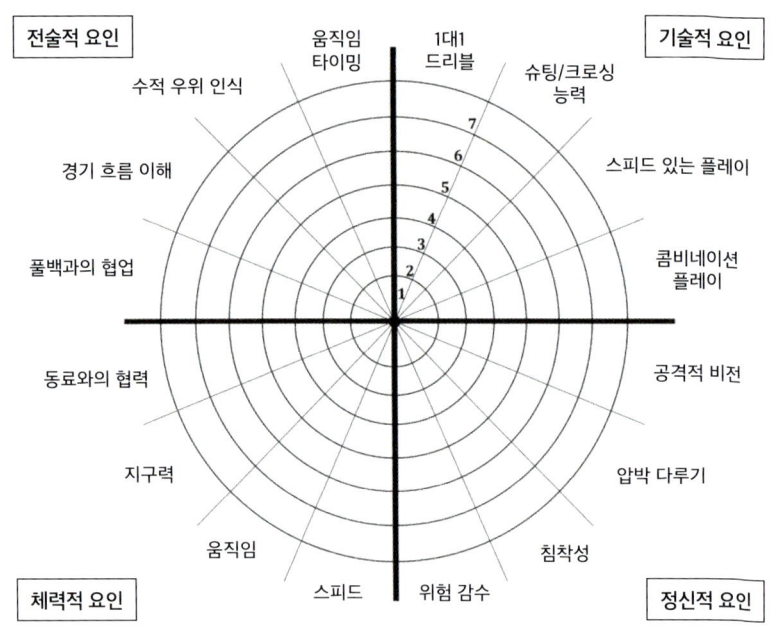

그림 2-43 측면 공격수 프로필 요인

다음은 잉글랜드 프리미어 리그 웨스트햄 유나이티드 팀의 측면 공격수 육성을 위해 제시된 12~14세, 15~16세, 그리고 프로선수 17~21세의 연령별 기술적·전술적 주요 능력 요인을 나타낸 것이다.

표 2-13 측면 공격수 육성을 위한 12~14세 선수의 기술적·전술적 주요 능력 요인

12~14세 측면 공격수 – 자립 단계	
기술적 요인	전술적 요인
• 빠른 속도로 드리블하는 능력 • 다양한 테크닉으로 크로스 시도 (킥, 감아차기, 컷백) • 양발을 사용해 다양한 테크닉으로 방향 전환하는 능력 • 창의성, 기발함, 개인 능력을 이용하여 드리블을 할 때 상대 수비수를 제치는 능력 • 효과적으로 자신의 드리블 속도, 방향, 리듬에 변화를 주어 1대1 상황을 벗어나는 능력 • 양발과 몸의 모든 면, 머리를 이용하여 다양한 거리의 패스를 시도 • 움직이며 발의 다양한 면을 이용하여 패스하려 시도	• 넓은 공간에서 2대1 상황 만들기 • 상대 위험 지역 및 사이드라인에서 볼을 받으려는 움직임 • 반대 사이드에서 크로스가 들어올 때 페널티 박스로 적극적으로 밀고 들어가기 • 언제, 어디서 드리블을 해야 할지에 대한 기본적인 이해 • 1대1 상황 이해 및 돌파 시도 상황 인지 • 높은 곳에서 압박하기 위한 포지셔닝에 대한 이해 • 볼이 없을 때 2번 또는 3, 4, 8, 9, 10번 포지션 동료와 지속적으로 연계 • 볼 소유 시 2번 또는 3, 5, 6, 7, 8, 9, 10번 포지션 동료와 지속적으로 연계

표 2-14 측면 공격수 육성을 위한 15~16세 선수의 기술적·전술적 주요 능력 요인

15~16세 측면 공격수 – 졸업 단계	
기술적 요인	전술적 요인
• 꾸준하게 창의성, 기발함, 개인 능력을 이용하여 드리블을 할 때 상대 수비를 제치는 능력 • 효과적으로 자신의 드리블 속도, 방향, 리듬에 변화를 주어 1대1 상황을 벗어나는 능력 • 움직이며 양발과 몸의 모든 면으로 볼을 받고 패스하는 능력 • 양발과 몸의 모든 면으로 원터치 플레이를 하는 능력 • 다양한 크로스 테크닉으로 득점 기회 창출(킥, 감아차기, 컷백) • 장거리 패스 및 크로스를 받을 때 다양한 테크닉으로 결정하는 능력 • 1대1 수비 시 좋은 테크닉 발휘	• 측면에서 2대1 상황을 만들어 크로스 혹은 슈팅 기회 잡기 • 측면에서 중앙으로 침투하여 상대 풀백과 센터백 사이 공간 공략 • 동료들, 풀백과 소통하여 포지션이 겹치지 않도록 플레이 • 역습 시 빠른 전개 및 참여 • 동료 포워드 및 윙어와 협력하여 상대 수비진을 가두고 볼 소유권을 가져오는 능력 • 빠르게 플레이하는 상황과 볼을 가지고 수비를 끌어들이는 상황을 구별하는 능력 • 볼이 없을 때 2번 또는 3, 4, 5, 6, 8, 9, 10번 포지션 동료들과 지속적으로 연계 • 볼 소유 시 모든 동료들과 지속적으로 연계

표 2-15 측면 공격수 육성을 위한 17~21세 선수의 기술적·전술적 주요 능력 요인

17~21세 측면 공격수 - 프로 전환 단계	
기술적 요인	전술적 요인
• 움직이며 볼을 받으면서도 방향 전환할 수 있는 능력 • 언더래핑 혹은 오버래핑하는 풀백에게 정확한 강도로 패스를 하는 능력 • 퍼스트 터치로 수비수를 제치는 능력 • 볼을 받을 때 좋은 보디 포지셔닝 • 양발의 다양한 크로스 테크닉으로 슈팅 기회 창출(로빙, 감아차기, 컷백, 러닝 크로스 등) • 상대의 강한 압박에도 볼을 소유하며 견디는 능력 • 볼을 소유하고 있을 때 저돌적이고 첫 터치를 공격 방향으로 가지고 가는 능력 • 상대의 강한 압박에서도 볼을 지켜내며 벗어나는 능력 • 페널티 에어리어 안과 밖에서 다양한 크로스를 마무리짓는 결정	• 볼을 받기 위해 수비수 뒷공간으로 효과적으로 침투하는 능력 • 동료 스트라이커와 효과적으로 콤비네이션 플레이를 하는 능력 • 상대 풀백과 측면 미드필더의 패스 길목을 효과적으로 차단하는 능력 • 측면에서 동료 선수들과의 스위칭으로 공간을 창출해 내는 능력 • 동료 공격수가 자리를 비울 때 그 자리를 메우며 득점을 하는 능력 • 볼을 받기 전 다양한 페인팅 동작으로 수비수를 이동시키는 능력 • 공격 전개를 하러 내려오는 타이밍과 침투하는 타이밍을 읽는 능력

3) 트레이닝 프로그램

(1) 중앙 공격수와의 연계 플레이 훈련

아무리 훌륭한 측면 공격수라도 고립된 지역에 위치해서는 안 된다. 최전방 공격수 target forward와 반대편 측면 공격수와의 연계 역시 중요하다. 공격수 간의 연계가 좋아질수록 모든 선수들의 조직적 움직임이 좋아지고 더 많은 득점 기회를 만들 수 있다.

이 훈련은 측면 공간에서 볼 받기, 공격수 중 한 명과 연계, 그리고 득점하기의 세 가지 형태로 변화를 줄 수 있다. 이 훈련은 공격 1/3 지역에서 이루어지며, 측면 공격수 두 명과 최전방 공격수 한 명을 배치한다. 볼을 전달하는 선수, 즉 서버는 반드시 배치하고 골키퍼는 선택적으로 배치한다. 마네킹과 콘을 상대 수비수가 위치할 공간에 배치한다.

1단계

① 볼을 전달하는 선수는 측면 공격수 중 한 명에게 볼을 연결한다.
② 측면 공격수는 가장 빠른 스피드로 안쪽으로 침투해 들어간다.
③ 최전방 공격수는 정확한 타이밍에 안으로 뛰어들어가 측면 공격수가 전달하는 볼을 받아 슈팅한다(그림 2-44).

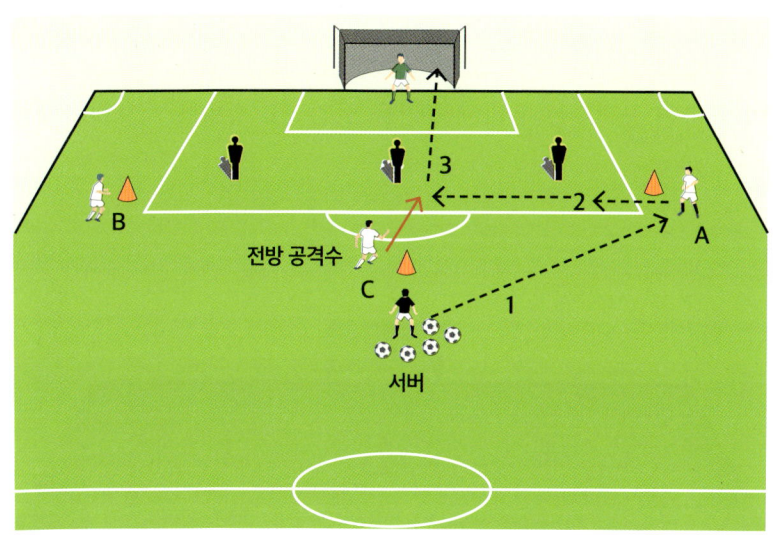

그림 2-44 중앙 공격수와의 연계 플레이 1

2단계

① 볼을 전달하는 선수는 측면 공격수 중 한 명에게 볼을 연결한다.
② 측면 공격수는 가장 빠른 스피드로 안쪽으로 침투해 들어간다. 동시에 최전방 공격수(선수 C)는 공간을 만들어 주기 위해 반대편 골대 쪽 back post 으로 돌아 들어간다.
③ 측면 공격수는 유리한 공간을 선점하고 슈팅을 시도한다(그림 2-45).

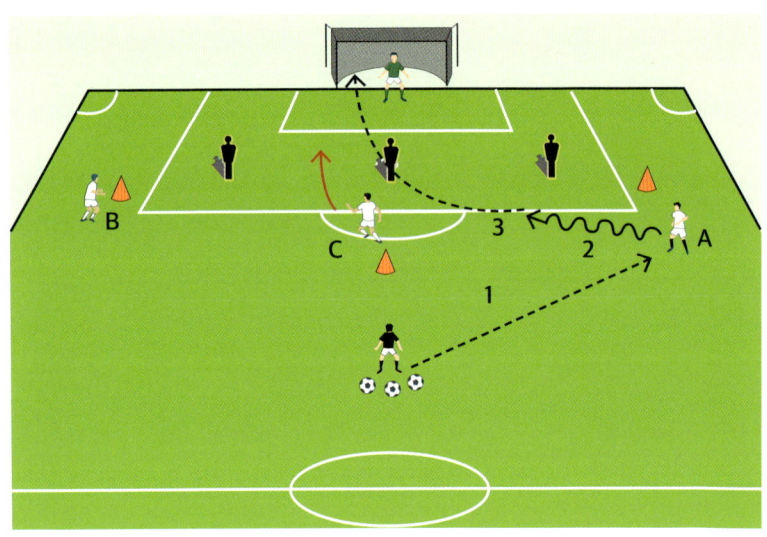

그림 2-45 중앙 공격수와의 연계 플레이 2

3단계

① 볼을 전달하는 선수는 측면 공격수 중 한 명에게 볼을 연결한다.
② 측면 공격수는 최대한 빠른 스피드로 안쪽으로 침투해 들어간다. 동시에 최전방 공격수(선수 C)는 볼의 위치를 확인한다. 측면 공격수는 최전방 공격수와 2대1 패스를 하고 측면 공간으로 달려간다.
③ 볼을 전달하고 뛰어들어간 후, 측면 공격수(선수 B)는 볼을 돌려받기 위해 터치라인을 따라 돌아서 들어간다. 동시에 반대편 측면 공격수는 페널티 박스 안으로 뛰어들어간다.
④ 선수 A는 선수 B에게 득점할 수 있는 범위 안으로 크로스를 보낸다(그림 2-46).

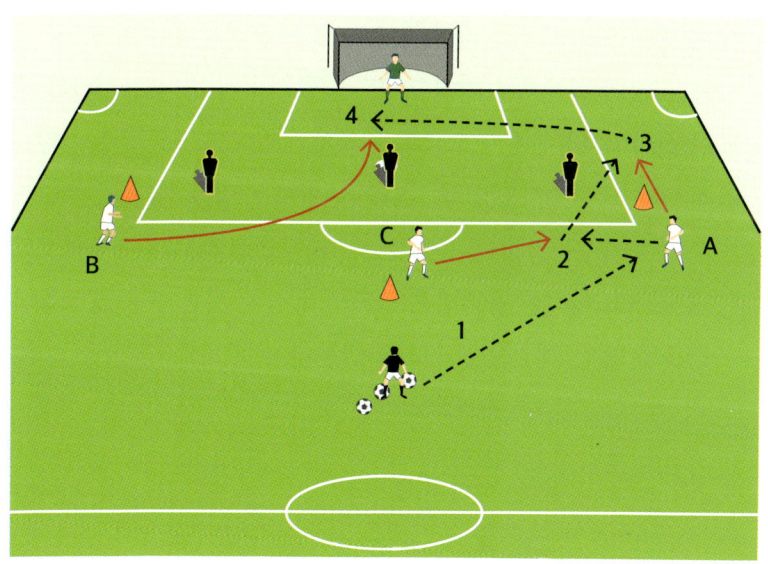

그림 2-46 중앙 공격수와의 연계 플레이 3

코칭 포인트

- 측면 공격수가 달리는 과정에서 볼을 받고 안쪽으로 침투할 수 있도록 첫 번째 터치를 이동하며 컨트롤해야 한다. 만약 볼을 멈춰서 받게 되면, 부자연스러운 움직임 때문에 효과적으로 안으로 침투할 수 있는 가속을 내기가 어렵다.
- 최전방 공격수는 달리기 속도보다 안으로 침투하는 타이밍이 중요하다. 측면 공격수 역시 경기 상황에서 대부분 수비수의 마크를 당하기 때문에 이는 최전방 공격수에게만 적용되는 것이 아니다. 수비수가 압박해 올 때 가볍게 뛰거나 공간에 서 있는 행동 역시 최전방 공격수에게만 적용되는 것이 아니다. 최전방 공격수는 볼이 플레이되는 즉시 필요한 공간으로 빠르게 달려가야 한다.
- 최전방 공격수는 볼 터치 두 번으로 마무리지어야 한다. 첫 번째 터치에 골문으로 향하고, 두 번째 터치에 슈팅할 준비를 해야 한다. 만약 선수가 오른쪽에 위치해 있다면 오른발로 슈팅을 시도하고, 왼쪽에 위치해 있다면 왼발로 슈팅을 한다.
- 측면 공격수는 패스를 전달한 후 안쪽으로 빠르게 침투하도록 지시한다. 이러한 움직임은 골키퍼가 잡지 못한 볼을 공격수가 받을 수 있는 세컨드 볼 기회를 만든다.

선수의 능력과 팀 스타일에 따라 변화를 줄 수 있다.

- 팀에 맞추어 움직임과 선수의 역할에 변화를 줄 수 있다. 서버를 최전방 공격수 역할을 수행할 수 있는 공격형 미드필더로 바꿀 수 있다. 이런 움직임은 측면 공격수가 바깥에서 안으로 뛰어들어갈 수 있는 공간을 열어 준다.
- 3명의 공격수 사이의 각도와 거리를 다양하게 변화시킬 수 있다. 또한 선수들이 볼을 받기 전 같은 방향이나 반대 방향으로 이동할 수 있게 한다.
- 골키퍼가 서버에게 긴 패스로 볼을 전달하면 훈련을 시작한다. 긴 패스를 시작으로 측면 공격수들은 유리한 공간을 창출하기 위해 움직인다. 실제 경기에서 선수들이 약속된 움직임을 하도록 훈련한다.
- 볼을 받는 선수가 수비형 미드필더처럼 활동하게 하고, 공격수들이 수비 압박에서 벗어날 수 있는 능력을 기를 수 있도록 수비수를 배치하여 3대3 상황을 만든다.

(2) 크로스 & 슈팅 훈련

측면 공격수는 주로 열린 공간에서 활동하지만, 공간이 없는 상황에서도 선수 스스로 기회를 창출해 내는 능력을 갖춰야 한다. 또한 측면 공격수는 골문에서 빗나간 공을 받는 방법과 다시 공격으로 전환하는 훈련을 해야 한다. 공격수가 위와 같은 움직임을 잘 수행하면 수비 압박에서 벗어나 경기를 유리한 상황으로 이끌 수 있다. 연계 플레이, 크로스 및 1대1 상황에 대한 움직임을 통합하여 훈련한다. 훈련은 공격 1/3 지역에서 이루어지며, 측면 공격수 두 명과 최전방 공격수, 수비수, 그리고 볼을 전달해 주는 선수를 배치한다.

1단계

선수들은 스피드 사다리를 빠르게 통과한 후 골문에서 떨어져 볼을 전달하는 선수 쪽으로 이동한다. 측면 공격수들은 볼의 위치를 확인하고, 볼을 전달하는 선수는 측면 공격수 발밑으로 패스를 빠르게 전달한다. 측면 공격수는 볼을 받은 즉시 볼을 전달하는 선수에게 다시 패스를 전달한 후 빈 공간으로 돌아서 들어간다. 서버는 측면 공격수가 있는 지역으로 패스를 하고, 측면 공격수는 최전방 공격수가 침투하는 중앙 지역으로 크로스를 보낸다. 서버는 측면 공격수가 중앙 지역으로 침투하는 최전방 공격수에게 크로스를 보낼 공간에 볼을 보내 준다(그림 2-47).

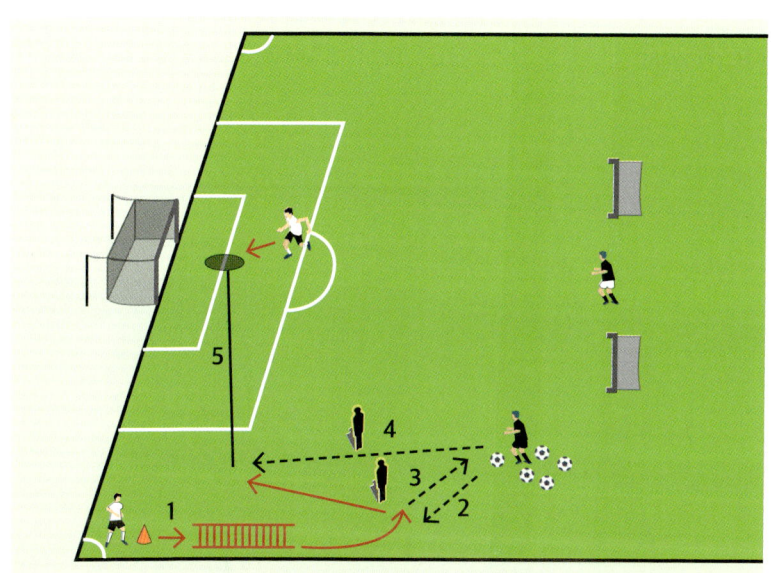

그림 2-47 측면 공격수의 크로스 & 슈팅 훈련 1

2단계

크로스를 보낸 즉시 측면 공격수는 작은 골대 쪽으로 빠르게 돌아가 반대편 마네킹이 있는 곳에서 볼을 받는다. 수비수(검정색 상의)를 훈련에 배치하고 측면 공격수는 수비수 방향으로 빠르게 달려가 작은 골대를 향해 슈팅한다. 슈팅을 시도한 후, 측면 공격수는 시작 지점으로 돌아오며, 반대쪽 측면 공격수도 동일하게 훈련을 진행한다(그림 2-48).

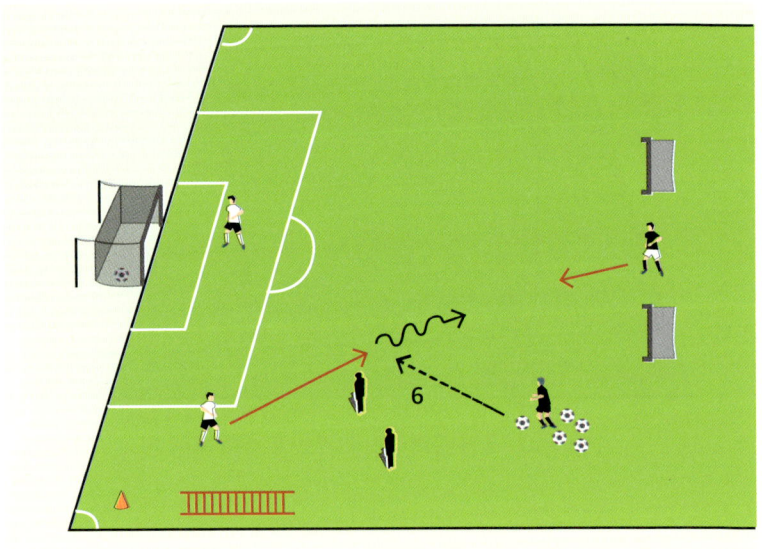

그림 2-48 측면 공격수의 크로스 & 슈팅 훈련 2

코칭 포인트

- 공간 창출을 위해서는 초반 스피드와 가속이 중요하다. 실제 경기와 비슷한 상황을 만들기 위해 선수가 수행할 수 있는 가장 빠른 스피드로 훈련을 진행한다. 풀백을 투입하여 공격수의 볼을 뺏는 경기 상황으로 훈련할 수 있다.
- 볼을 전달하는 선수와 측면 공격수의 연계 플레이는 빠른 속도로 한 번의 터치로 완벽하게 이루어져야 한다.
- 빠르고 정확한 크로스를 보내는 훈련에 초점을 맞추어야 한다. 지도자는 측면 공격수가 볼을 보낼 위치를 지정한다.
- 1대1 상황에서 자신감을 갖는 것이 중요하다. 이때 측면 공격수는 돌아서거나 볼을 지키는 등 움직임을 늦추지 말아야 한다. 또한 높은 스피드를 계속해서 유지해야 한다.

수비수를 투입하거나 1대1 상황에 시간 제한을 활용할 수 있다.

- 초반부에 측면 공격수가 전개를 시작하면 공격을 압박하는 수비수를 투입한다. 수비수가 측면 공격수를 압박하여 기술 훈련의 효과를 더 높인다.
- 1대1 상황에 시간 제한을 설정한다. 이 훈련은 공격수를 조급하게 하여 실제 경기에서 두려움으로 인한 실수를 줄일 수 있다.

(3) 스피드 드리블 & 슈팅 훈련

공격 1/3 지역에서 공격수와 수비수 두 그룹이 함께 진행한다. 오른쪽에 있는 그룹이 먼저 1대1 훈련을 시작한다(A1 vs D1). 측면 공격수A1는 볼을 드리블하여 첫 번째 대각선에 위치한 콘으로 질주한다. 공격수가 절반을 통과하였을 때 수비수가 출발한다. 공격수와 수비수가 동시에 출발하여 충돌하는 상황을 방지한다. 공격수와 수비수가 콘을 서로 엇갈려 통과할 때 넓은 V자 모양을 이루어야 한다. 공격수는 모든 콘을 통과한 즉시 골문으로 슈팅을 한다. 좀 더 빠른 수비수는 공간을 방어하고 슈팅을 저지할 수 있는 좋은 상황을 만들 수 있다. 이 과정이 끝나면 반대편 그룹도 동일한 훈련을 진행한다 (A2 vs D2) (그림 2-49).

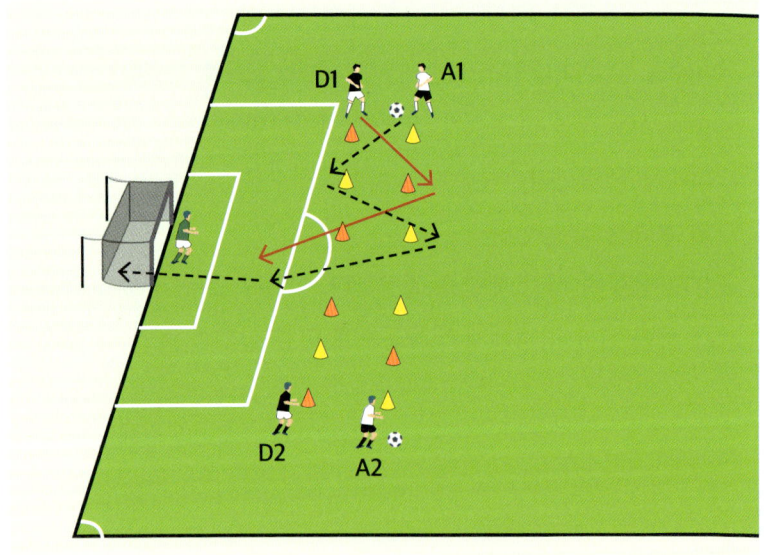

그림 2-49 측면 공격수의 스피드 드리블 & 슈팅 훈련

코칭 포인트
- 측면 공격수가 콘을 통과할 때, 스피드와 볼 컨트롤에 집중해야 한다.
- 콘을 통과한 후, 공격수는 골문으로 슈팅하기 전 고개를 들어 골키퍼의 위치를 확인한다.
- 골문 앞에서 망설이지 말고 침착하게 슈팅에 집중해야 한다.
- 수비수가 가로막는 상황에서 슈팅을 할 수 있는 한 발짝 정도의 공간을 창의적으로 만들어야 한다.

위치를 변경하여 양발을 사용하거나 경쟁을 유도할 수 있다.
- 측면 공격수끼리 위치를 변경하여 양발을 활용한 공격이 가능하게 한다.
- 콘을 필드 위쪽으로 좀 더 올리거나 넓게 배치한다. 이 방법은 측면 공격수가 슈팅을 하기 위해 안으로 침투하는 움직임을 만들어내며, 다양한 슈팅 각도를 만들 수 있다.
- 공격수와 수비수의 경쟁을 유도할 수 있다.

(4) 드리블 & 크로스 훈련

득점과 도움은 측면 공격수가 갖춰야 할 중요한 두 가지 능력이다. 하지만 수준이 높은 경기일수록 득점과 도움을 하기가 어렵다. 뛰어난 측면 공격수는 알맞은 크로스를 선택하여 보낼 수 있어야 한다. 드리블한 뒤 동료에게 패스를 전달하는 능력이야말로 뛰어난 선수와 일반적인 선수의 차이점이다. 훈련은 공격 1/3 지역에서 측면 공격수, 최전방 공격수, 볼을 전달하는 선수server 한 명, 마네킹 두 개와 폴poles을 배치하여 진행한다. 코치의 신호에 맞춰 측면 공격수(흰색 상의)는 빠른 속도로 볼을 드리블하여 폴을 통과한 뒤, 최전방 공격수(검정색 상의)가 있는 중앙 지역으로 크로스를 보낸다.

1단계

코치의 신호에 따라 측면 공격수(흰색 상의)는 폴 주변을 스피드를 올려 드리블하고 중앙에 위치한 검정색 상의를 입은 공격수에게 크로스를 한다(그림 2-50).

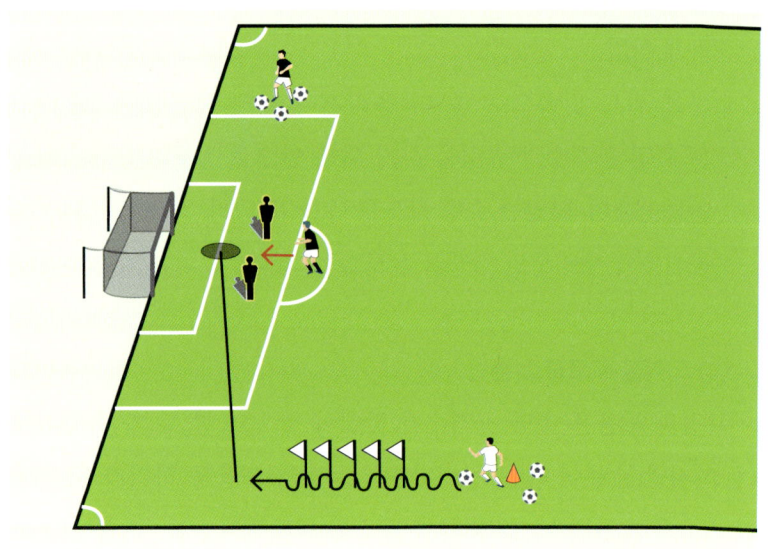

그림 2-50 측면 공격수의 드리블 & 크로스 훈련 1

2단계

측면 공격수가 크로스를 보낸 후, 6초 안에 페널티 박스 안으로 침투하고 먼 쪽(반대편)에 있는 볼을 전달해 주는 선수는 골 에어리어를 가로질러 볼을 보내 준다. 이 훈련에서는 정교한 마무리보다는 빠르게 골대 중앙으로 침투하는 움직임이 중요하다(그림 2-51).

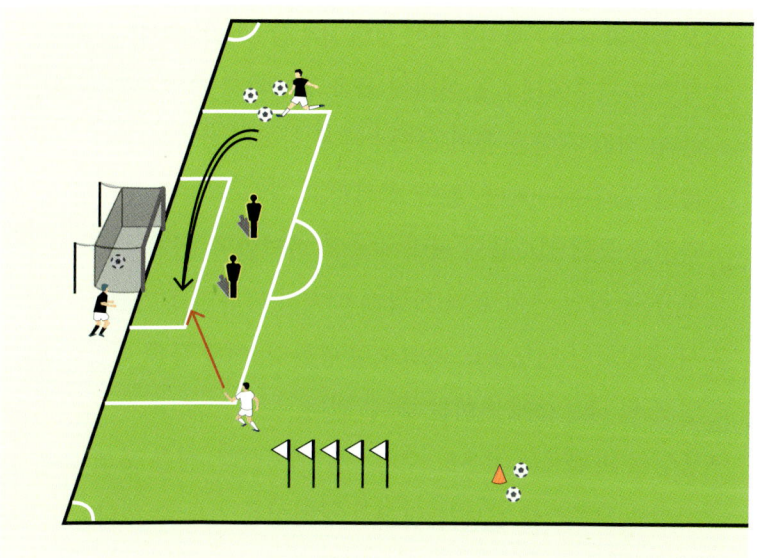

그림 2-51 측면 공격수의 드리블 & 크로스 훈련 2

코칭 포인트

- 지도자는 측면 공격수가 크로스를 보낼 위치를 지정해 준다. 경기에서는 중앙 수비수와 골키퍼 사이가 가장 이상적인 공간이다.

- 어떤 종류의 크로스를 보낼 것인가? 낮고 빠른 크로스, 낮은 크로스, 높은 크로스, 휘어 들어가는 크로스 등 측면 공격수가 다양한 종류의 크로스를 보낼 수 있도록 훈련을 진행한다.
- 2단계 훈련에서 측면 공격수는 골 에어리어 안으로 가능한 한 빠르게 침투한다. 만약 필요하다면 크로스와 마무리하는 시간의 차이를 둘 수도 있다.

시간 제한과 수비수 배치를 통해 실제 경기 상황처럼 훈련할 수 있다.
- 측면 공격수에게 6초 이내에 폴을 통과하고 크로스를 보내도록 한다. 시간 제한은 측면 공격수에게 심리적 압박을 준다.
- 측면 공격수는 20초 동안 회복하고 같은 훈련을 반복한다. 이 과정을 통해 선수들의 체력 수준을 파악할 수 있다.
- 폴을 골 라인 근처로 더 가깝게 배치하고 측면 공격수는 라인에서 출발하여 미드필드 지역으로 향한다. 이를 통해 아웃 스윙과 인 스윙 크로스에 변화를 줄 수 있다.
- 중앙의 마네킹을 치우고 수비수를 배치한다. 이를 통해 측면 공격수는 크로스를 보내는 기술과 창의성을 기를 수 있다.

(5) 크로스 & 슈팅 훈련

측면 공격수마다 플레이 성향과 선호하는 위치가 다르지만, 뛰어난 선수는 모든 위치에서 볼을 잘 다룰 수 있다. 경기에서 측면 공격수가 더 많은 기술을 사용할 수 있게 되면 상대 수비수가 막기 더 어려워진다. 측면 공격수는 전통적인 측면 공격수와 인버티드 윙어를 배치한다. 선수 실력과 선수에게 부과할 체력 부하에 따라 활동 범위를 조정할 수 있다. 두 명의 측면 공격수는 두 명의 최전방 공격수와 함께 배치된다.

1단계

첫 번째 왼쪽 측면 공격수는 바깥쪽 마네킹 쪽으로 볼을 드리블하고 가며, 상대를 속이는 동작과 마네킹을 통과한 뒤 가속하여 침투하는 공격수가 득점할 수 있도록 크로스를 전달한다(그림 2-52).

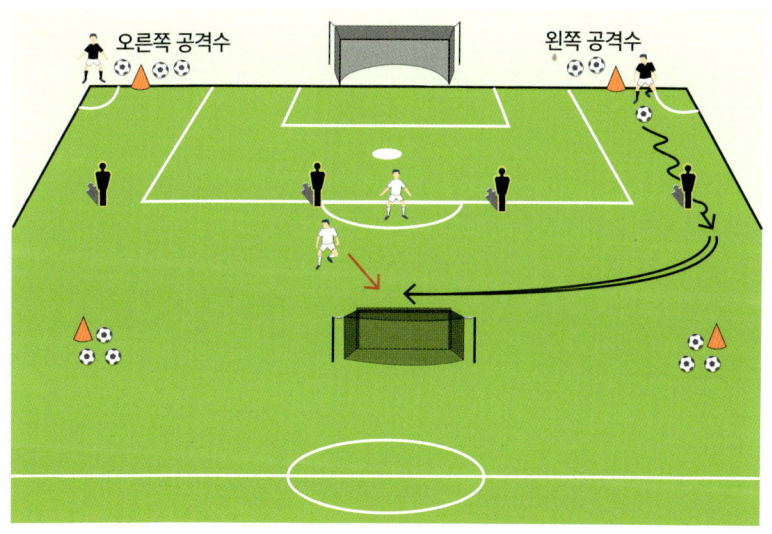

그림 2-52 측면 공격수의 크로스 & 슈팅 훈련 1

2단계

측면 공격수가 크로스를 보낸 즉시, 측면 공격수는 볼이 있는 코너로 뛰어간다. 측면 공격수는 볼을 가지고 돌아서서 볼의 위치를 확인하고 슈팅할 준비를 하는 공격수에게 볼을 전달하는 역할을 한다. 측면 공격수는 볼을 돌려받기 위해 빠르게 달려간 뒤 마네킹 앞에서 볼을 받고, 볼을 몰고 들어가 골대로 슈팅을 한다. 왼쪽 측면 공격수가 1·2단계를 수행한 뒤, 마찬가지로 오른쪽 공격수도 훈련을 진행한다(그림 2-53).

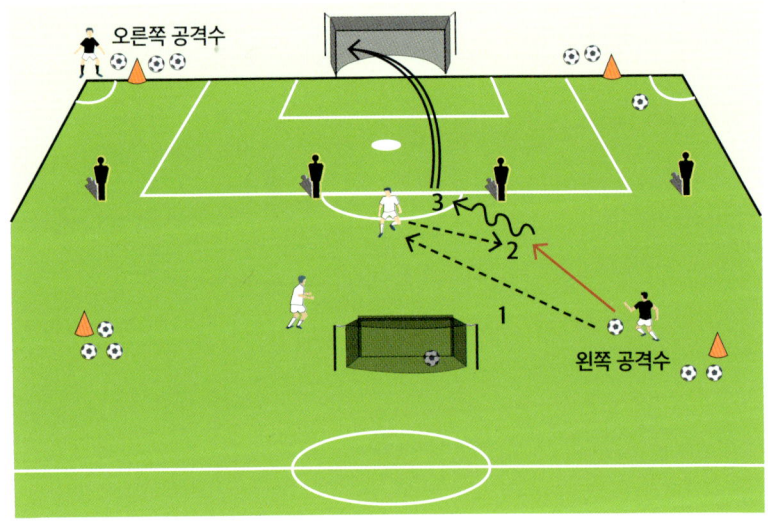

그림 2-53 측면 공격수의 크로스 & 슈팅 훈련 2

코칭 포인트
- 공격수들은 수비수의 저지를 받지 않더라도, 전 속력으로 동작을 수행해야 한다. 그래야만 훈련 내용을 실제 경기에서 적용할 수 있다.
- 슈팅과 크로스의 질적 수준이 매우 중요하다. 크로스 방법과 다양한 슈팅 방법에 대해 선수들과 이야기를 나눠야 한다.

서버와 수비수 배치를 통해 빠르게 훈련을 진행할 수 있다.
- 훈련이 훨씬 더 빨리 진행되길 원한다면 각 코너에 서버를 배치하고, 측면 공격수들에게 볼을 향해 전력 질주하도록 한다.
- 중앙 구역에 골키퍼 두 명과 수비수 한 명을 배치한다. 수비수는 훈련의 두 번째 단계에서 측면 공격수를 저지하는 역할을 한다.
- 오른쪽, 왼쪽 공격수 팀으로 경쟁하게 한다. 공격수가 크로스를 보내면 1점, 골문에 슈팅을 하면 1점을 얻는다.

(6) 3대2 역습 훈련

역습은 측면 공격수가 활약할 수 있는 전술 중 하나이다. 측면 공격수는 볼을 간수하고, 최전방 공격수와 연계하며, 공간을 넓게 활용하고, 득점 기회를 만들어 주는 역할을 수행하여 팀에 기여한다. 역습은 스피드, 기술적인 능력, 빠른 결정력을 활용하여 상대 수비수가 방어하기 어렵게 만든다. 훈련은 공격수가 더 많은 3대2 상황으로 진행한다. 공격수(검정색 상의) 세 명과 수비수(흰색 상의) 두 명을 경기장 중앙에 배치한다. 코치는 하프 라인에서 볼을 제공하는 역할

(서버)을 한다. 스피드 사다리와 마네킹은 〈그림 2-54〉와 같이 배치하며, 콘이나 허들로 교체하여 훈련을 진행할 수 있다. 코치의 신호에 맞춰, 공격수 세 명은 스피드 사다리를 통과한다. 동시에, 수비수 두 명은 마네킹을 빠르게 돌아 수비할 공간에 위치한다. 공격수 세 명이 스피드 사다리를 완전히 통과하면, 코치가 배급한 볼을 받고 공격수들은 3대2 상황에서 공격을 시도한다.

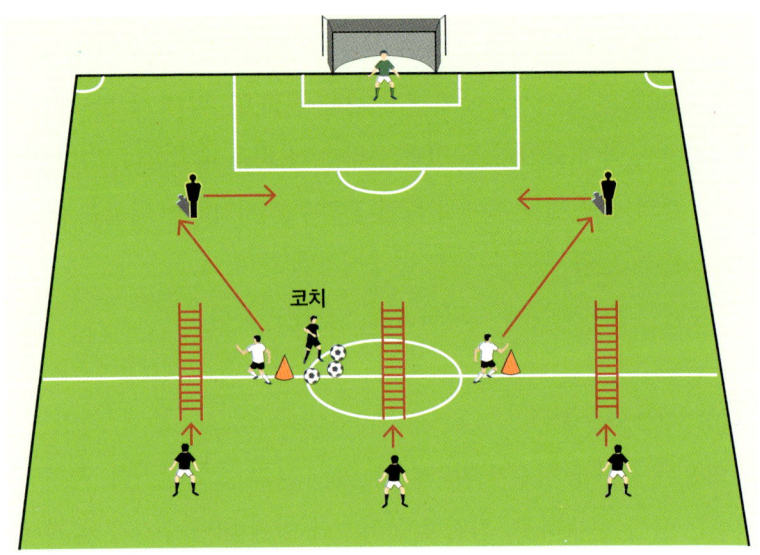

그림 2-54 측면 공격수의 3대2 역습 훈련

코칭 포인트

- 볼을 가지고 있지 않은 공격수의 움직임이 전술의 핵심이다. 첫째, 빠른 공격을 위해 공격수들은 볼보다 앞서 움직여야 한다.

둘째, 공격수는 직선으로 달리는 것을 지양해야 한다. 동료와 함께 뛰거나(오버래핑) 사선으로 침투하는 움직임은 더 많은 공간을 창출할 수 있다.
- 공격수가 수비수보다 많은 상황에서는 확실하게 슈팅까지 마무리한다.
- 중앙 수비수를 돌파해야 성공적인 역습이 가능하다. 볼을 소유한 공격수가 중앙 수비수와 마주하게 되는데, 이러한 역습 상황에서 공격수는 수적 우위를 활용해야 한다.

공격 시간 제한과 수비수 인원 변화로 경쟁적 상황을 만들 수 있다.
- 넓은 공간에 볼을 두고 시작한다. 지도자는 측면 공격수들에게 시작 위치에 맞춰 움직이도록 지시한다.
- 공격수 3명에게 시간이나 패스 횟수의 제한을 둔다. 이 방법은 공격수를 조급하게 만들어 압박을 가할 수 있다.
- 수비수를 추가로 배치하여 3대3 상황을 만든다. 이 훈련을 통해 공격수가 좀 더 영리하게 수비수를 돌파하는 움직임을 배울 수 있다.

(7) 4대4 스몰 사이드 게임

스몰 사이드 게임은 단시간에 움직임, 창의적인 플레이, 다수의 득점 기회를 만들어내는 훈련에 적합하다. 골키퍼와 함께 4대4로 진행하며, 측면 공격수가 실제 경기 상황에서 자신의 역할을 찾아낼 수 있도록 하는 상황을 재현한다.

활동 반경은 가로 18m, 세로 35m 박스와 양 측면 가로 5m이다. 각 팀에 측면 공격수 2명과 중앙 공격수 2명, 총 선수 4명을 배치한다. 득점하기 위해서는 볼이 측면을 한 번 거쳐야 한다. 측면에서 상대편 측면 공격수를 저지할 수 있다. 수비할 때는 선수 4명 모두 할당된 구역을 벗어나지 못한다. 하지만 측면 공격수는 팀이 볼을 소유할 경우, 측면 구역 안과 밖을 자유롭게 이동할 수 있다.

〈그림 2-55〉와 같이 오른쪽 측면 공격수는 골대로 침투하는 왼쪽 측면 공격수에게 크로스를 보내 준다. 훈련 상황은 볼의 소유 여부와 상관없이 자유롭게 안으로 침투하는 인버티드 윙어에 적합하다.

그림 2-55 측면 공격수의 4대4 스몰 사이드 게임 훈련

코칭 포인트

- 볼이 측면으로 한 번 거쳐가야 하기 때문에, 측면 공격수가 볼을 받는 역할이 중요하다. 측면 공격수는 수비 압박을 벗어나기 위해 스스로 공간을 창출해야 한다.
- 볼을 소유했을 때 측면 공격수는 여러 가지 선택을 할 수 있다. 측면 공격수는 상대 수비수와 1대1 대결, 중앙 공격수와 연계, 안쪽으로 볼을 드리블하여 들어가기, 반대편 측면 공격수에게 볼을 전달하기 등의 선택권이 있다.
- 공격적인 팀은 적극적으로 볼을 소유해야 한다. 또한 공격을 하기 위해서 위험을 감수해야만 한다. 공격적인 경기에서는 득점이 가장 중요하다.

6. 중앙 공격수

축구 경기에서 가장 중요하면서도 어려운 것이 득점이다. 꾸준하게 득점할 수 있는 선수들은 항상 높은 이적료를 받는다. 골을 쉽게 넣을 수 있는 선수를 얻는다는 것은 지도자로서의 생활을 좀 더 쉽게 만들어 줄 수 있다.

중앙 공격수의 역할은 슈팅을 통해서 득점하는 것이다. 상대 선수를 따돌리고 시도한 강렬한 슈팅의 결과로 얻는 골이나, 골문 앞 혼전 상황에서 흘러나온 볼을 밀어넣어 얻는 골이나 똑같이 1점이다. 그러므로 다양한 상황에서의 뛰어난 득점 감각이 요구된다.

전술 변화에 따라 중앙 공격수의 역할은 전통적인 형태의 중앙 공격수인 타깃 맨Target man에서 가짜 스트라이커(가짜 9, False nine)까지 선수와 팀의 장단점을 활용할 수 있는 다양한 역할로 발전하고 변화해 왔다.

전술적 변화에도 불구하고 중앙 공격수는 수비수를 상대로 돌파하거나 미드필더가 도움을 줄 수 있을 때까지 볼을 컨트롤할 수 있는 능력을 지니고 있어야 한다. 이 두 가지 상황은 두 발을 모두 사용해 볼을 컨트롤할 수 있는 능력과 기술적 우위를 보유하고 있을 때 성공적으로 수행할 수 있다. 또한 중앙 공격수는 방향 전환과 위치 변화로 자신을 마크하는 수비수를 따돌릴 수 있는 능력이 있어야 한다.

1) 중앙 공격수의 전술적 변화

중앙 공격수에게 부여된 역할이나 책임은 다음과 같은 다양한 전술적 변화에 따라 크게 달라지고 있다.

- **수비수 고립의 부재** : 손흥민 선수가 EPL 리그 번리전에서 70m를 단독 드리블로 돌파하여 EPL 사상 최고의 골에 선정되었다. 엄청난 활약의 득점이지만 최상위 수준 팀들의 경기에서는 다시 보기 쉽지 않은 득점이다. 최근 중앙 수비수들은 서로 10m 이상 떨어지는 일이 거의 없고, 수비형 미드필더나 풀백이 신속하게 커버플레이를 하기 때문이다.

- **빠른 반응 시간** : 페널티 에어리어 안쪽에서 슈팅 기회를 얻든지 바깥쪽에서 얻든지 중앙 공격수가 반응하고 슈팅을 하는 데 주어진 시간은 매우 짧고, 상대 수비수들의 스피드는 점점 빠르게 향상되고 있다. 더 빠르게 반응할수록 더 많은 수비수를 제칠 수 있고 공격수가 몸의 균형을 잡고 슈팅을 시도하는 데 유리하다. 이러한 반응을 더 빠르게 수행할 수 있는 선수일수록 더 좋은 선수가 된다.

- **스쿼드 로테이션 효과** : 최근 들어 팀이 더 많은 경기를 하고 더 많은 대회에 참가함에 따라 연속으로 경기에 나가는 선수가 많지 않다. 스쿼드의 크기가 점점 커지고 역량은 더욱 향상되고 있다. 종료 1분 전까지도 득점 기회가 나기를 기다리기만

하던 공격수는 이제 그보다 훨씬 이전에 교체되고 있다. 즉각적인 효과와 강도 높은 플레이를 하는 것이 무엇보다 중요하다.

- **독립된 공격수의 역할** : 과거에 독립된 공격수는 90분 내내 힘들게 뛰어다니지만 볼을 받기 힘든 역할을 했지만, 최근에는 그 역할에 많은 변화가 나타나고 있다. 더 이상 단독 공격수가 사소하면서도 격한 몸싸움에 힘쓰는 역할이 아닌, 보다 기술적인 면이 강조되어 중앙에서 영향력을 발휘하고 있다. 공격수가 자신의 위치보다 상위 포지션인 전방에서 플레이함으로써 좀 더 중앙 포지션을 점령할 수 있고, 일반적으로 공격수에 비해 느린 중앙 수비수들을 잘 다룰 수 있게 되었다. 또한 미드필더 영역으로부터의 지원이 더 빠르게 전달됨으로써 골을 넣을 수 있는 기회를 더 많이 갖게 되었다.

- **책임감** : 클럽들은 다양한 프로그램을 통해 선수들이 경기 중 강도 높은 스프린트 동작으로 뛴 거리를 측정할 수 있는 기술을 보유하고 있기 때문에 공격수들이 게으른 플레이를 할 수 없다. 따라서 공격수 포지션에서 볼이 없을 때의 움직임이 상당한 수준으로 향상되고 있다. 최근에는 운동량work rate이 훨씬 더 객관적으로 측정되고 있으며, 개인적 의견이나 주관적인 판단이 데이터로 나타나고 있다.

2) 중앙 공격수가 갖춰야 할 주요 요인

중앙 공격수는 상대방 골에서 가장 가까운 곳에 위치하여 항상 득점 기회를 노리는 역할을 담당한다. 상대방 수비 선수에게 끈질기게 마크를 받으므로, 이를 따돌리고 슈팅으로 연결시킬 수 있는 강한 체력과 유연성, 과감성 등이 요구된다. 일반적으로 키가 크면 유리하지만, 힘이나 드리블 돌파력 등 뛰어난 기량과 테크닉을 갖고 있다면 키가 작더라도 결코 문제되지 않는다.

중앙 공격수로서 갖춰야 할 기술적·체력적·전술적·정신적 주요 요인은 다음과 같다. 〈그림 2-56〉 중앙 공격수의 프로필 요인 그래프를 이용하면 선수들의 장단점을 쉽게 비교할 수 있고 개선해야 할 요인 등도 파악하여 훈련 비중 및 시간을 조정하는 자료로 활용할 수 있다(Curneen, 2015).

(1) 기술적 요인
- 골 결정력
- 골문을 등지고 볼을 받을 수 있어야 하며 동료 선수들이 공격에 가담할 때까지 볼을 소유할 수 있어야 한다.
- 빠르게 방향 전환을 할 수 있어야 한다.
- 모든 각도와 거리에서 정확하게 슈팅으로 마무리할 수 있어야 한다.
- 좁은 공간에서 팀 동료와의 콤비네이션 플레이
- 다른 공격수들이 공격을 진행할 수 있도록 중심축 역할

- 속임수에 능해야 한다.
- 최소한의 볼 터치가 요구되는 상황에서도 플레이할 수 있어야 한다.

(2) 체력적 요인
- 미드필더나 수비수들로부터 좋은 기회가 연결되었을 때 볼에 가장 먼저 접근해야 한다.
- 밀착되어 있는 수비수로부터 벗어날 수 있어야 한다.
- 속도와 방향 전환
- 수비수를 압박하고자 하는 의지와 볼을 소유했을 때, 수비수들의 압박을 벗어나 넓은 공간으로 나갈 수 있어야 한다.
- 볼을 지킬 수 있는 몸싸움 능력
- 공중볼 경쟁 능력

(3) 전술적 요인
- 움직이는 타이밍을 알고 운동장을 넓게 활용하는 능력
- 오는 볼을 대각선 방향으로 받을 수 있도록 항상 예의주시해야 하며, 이를 통해 공격수는 몸을 반만 돌려도 공격 방향으로 전환할 수 있게 된다.
- 타깃맨으로 전방에서 볼을 지켜내어 동료 선수들이 공격에 가담할 수 있게 하는 볼 소유 플레이에 대한 이해
- 지능적인 움직임을 통해 팀 동료들에게 기회를 제공할 수 있어야 한다.

- 주위 선수들의 위치 파악
- 공간을 창출하는 방법에 대한 이해
- 팀의 볼 소유 시 미드필더나 수비수가 패스를 연결할 수 있는 위치와 준비가 항상 되어 있어야 한다.
- 플레이하는 속도를 높여야 할 때와 늦춰야 할 때를 정확하게 이해해야 한다.
- 수비수들을 의미 없는 공간으로 끌고 다닐 수 있는 영리함이 필요하다.
- 상대팀 볼 소유 시 적극적으로 압박할 수 있는 수비 능력

(4) 정신적 요인
- 볼이 없을 때에도 계속해서 달릴 수 있는 정신력
- 팀 동료를 볼 수 있는 시야와 플레이로 연결시키는 능력
- 기회가 어떻게 만들어지는지 읽을 수 있는 능력
- 동료로부터 좋은 타이밍에 볼이 전달될 때 정확한 위치로 가기 위해 최선을 다하는 자세
- 경기의 가장 중요한 순간에 집중하여 기회를 잡을 수 있는 능력
- 인내심
- 팀을 위해 헌신하는 마음가짐
- 수비수의 실수를 예측할 수 있는 능력

중앙 공격수의 미래는 지능적인 움직임과 팀의 시스템 내에서 플레이하는 능력에 의해 결정된다. 천재적인 플레이를 하는 개성이 강하고 독립적인 선수는 점차 잊히게 될 것이다.

지도자는 경기를 시작할 때 어떤 희망보다는 중앙 공격수에 대한 신뢰를 갖고 경기에 나선다. 신뢰는 중앙 공격수들의 기술 수준뿐만 아니라, 활동량과 전술적 지능 등으로 생겨난다. 지능적 움직임은 뛰어난 공격수를 구분 짓는 요소이지만, 팀의 분위기와 따로 떼어서 생각할 수 없는 부분이다. 이는 공격수가 지닌 스피드나 파워 같은 것들과는 무관한 것으로, 오히려 공간을 창출하거나 수비수를 멀리 떼어낼 수 있는 능력 등과 관련이 높다.

중앙 공격수에게 고정된 위치에서 플레이하는 것보다 공간을 창출하고 이용하는 방법을 가르치는 것이야말로 앞으로 지도자들이 더 집중해서 지도해야 할 영역이 될 것이다. 다음 세대의 우수 중앙 공격수들은 더 지능적으로 플레이해야 하고, 팀을 위해 헌신할 준비가 되어 있어야 한다.

중앙 공격수 프로필 요인

기술적 요인
1. 득점력
2. 양발 슈팅 능력
3. 볼 소유 능력
4. 콤비네이션 플레이

정신적 요인
1. 빠른 결정
2. 침착성
3. 동료 의식
4. 집중력

체력적 요인
1. 스피드
2. 근력
3. 적극성
4. 무산소 & 유산소 능력

전술적 요인
1. 움직임의 타이밍
2. 공간 창출에 대한 이해
3. 주위 동료의 지원 파악
4. 수비 가담에 대한 이해

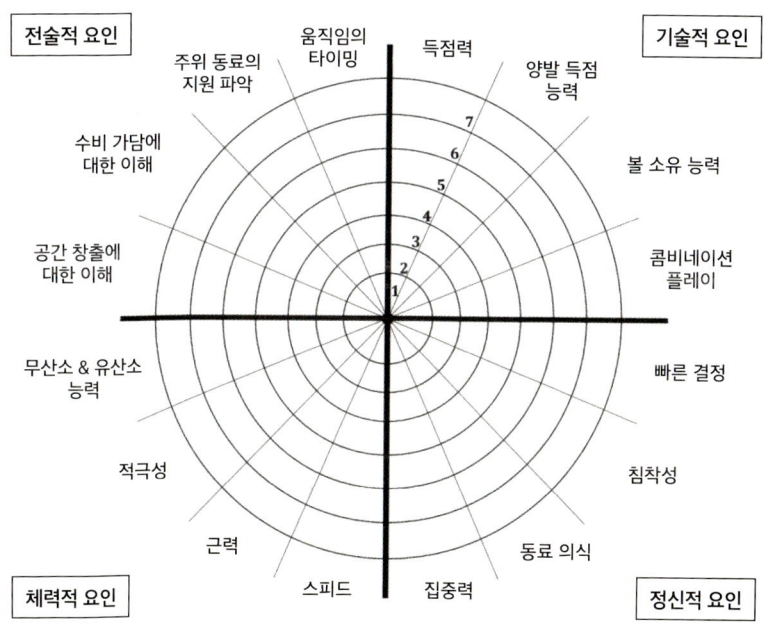

그림 2-56 중앙 공격수의 프로필 요인

다음은 잉글랜드 프리미어 리그 웨스트햄 유나이티드 팀의 중앙 공격수 육성을 위해 제시된 12~14세, 15~16세, 그리고 프로선수 17~21세의 연령별 기술적·전술적 주요 능력 요인이다.

표 2-16 중앙 공격수 육성을 위한 12~14세 선수의 기술적·전술적 주요 능력 요인

12~14세 중앙 공격수 – 자립 단계	
기술적 요인	전술적 요인
• 좁은 공간과 압박 시에도 볼을 받고 지켜내는 능력 • 동료와의 연계 플레이로 상대 수비수와의 1대1 상황에 대처 • 전진하기 위해 몸을 돌려놓은 상태로 볼을 받는 능력 • 동료들과 원터치로 연계 시도 • 뛰어난 헤딩 능력과 공중볼 경합 능력 • 페널티 에어리어 안과 밖, 수비 1대1, 키퍼 1대1 상황 등에서 본능적으로 양발과 몸을 이용하여 득점하는 능력 • 상대 선수를 개인 능력, 페인트, 패싱 등으로 벗겨내는 능력	• 수비수 앞과 뒤에서 공간을 창출하기 위한 지능적인 움직임 • 상대 수비수 사이에서 효과적인 공격 루트 제공 • 수비 전환 시 빠른 반응으로 소유권 회복 • 세컨드 스트라이커와 측면 미드필더들과의 스위칭 기회 인지 • 전방 압박 시 팀원들을 이끄는 능력 • 팀 동료들과 약속한 플레이를 이해하고 수행하는 능력 • 수비에서 공격으로 전환될 때 빠르게 공격에 참여하는 능력 • 볼이 없을 때 세컨드 스트라이커와 측면 미드필더와의 소통 • 볼 소유 시 골키퍼, 센터백, 중앙 미드필더, 측면 미드필더와의 소통

표 2-17 중앙 공격수 육성을 위한 15~16세 선수의 기술적·전술적 주요 능력 요인

15~16세 중앙 공격수 - 졸업 단계	
기술적 요인	전술적 요인
• 다양한 거리에서 양발과 몸의 다양한 부위로 골을 결정짓는 능력 • 수비수를 제치지 않고도 슈팅을 위한 공간과 각도를 만들어내는 능력 • 수비수를 돌파하기 위한 개인 능력과 페인팅 • 양발과 몸의 다양한 부위로 동료 선수들과 연계 플레이 • 무게중심을 이용하여 볼을 지키며 수비의 무게중심을 무너뜨리는 능력 • 양발로 볼을 컨트롤하고 패스하는 능력 • 올바른 1대1 수비 테크닉 - 접근 속도, 각도 등	• 상대 센터백 두 명을 모두 효과적으로 붙잡아 두는 능력 • 지속적으로 전진 패스를 받기 위해 움직이는 능력 • 다양한 오프더볼 움직임으로 본인과 동료들에게 기회 창출 (돌아 들어가기, 벗겨내기 등) • 수비수들 뒤에서 볼을 받으려는 움직임(직선/곡선 침투) • 역습 상황 시 좋은 위치 선정으로 기회 창출 • 처진 공격수 / 공격형 미드필더와 효과적인 스위칭 플레이 • 상대 수비수가 전진 혹은 빌드업 시 효과적으로 압박 • 전방 압박 시 효과적인 테크닉 활용 (튀어나가기, 3/4 압박, 물러나기, 전방 스크린) • 볼 소유/미소유 시 모든 팀원과 연계

표 2-18 중앙 공격수 육성을 위한 17~21세 선수의 기술적·전술적 주요 능력 요인

17~21세 중앙 공격수 – 졸업 단계	
기술적 요인	전술적 요인
• 양발과 몸의 다양한 면을 이용하여 동료들과의 연계 플레이로 게임을 지배하는 능력 • 골키퍼 1대1, 페널티 에어리어 안과 밖에서 양발과 몸의 다양한 면으로 골을 결정짓는 능력 • 크로스나 세컨드 볼을 원터치로 꾸준하게 마무리짓는 능력 • 수비 압박 시에도 볼을 지켜내고 밀착 마크 상황에서도 수비수를 벗겨내는 능력 • 수비수를 제치지 않고도 슈팅을 위한 공간과 각도를 만들어내는 능력	• 처진 스트라이커 / 공격형 미드필더와 협력하여 상대 센터백이 중원으로 못 올라오게 수비 • 다양한 움직임을 통해 수비 뒷공간으로 침투하는 타이밍 판단 (돌아 들어가기, 꺾어 들어가기, 수비 시야를 벗어난 공간에 침투, 벗겨내기 등) • 측면 미드필더 및 처진 공격수와의 스위칭 플레이 • 페널티 에어리어 내에서 미리 예측하여 가져가는 움직임 • 패널티 에어리어 내에서 수비를 교란시키기 위한 지속적인 움직임 • 공격 1/3 지역에서 경기장 좌우 폭을 활용하여 1대1 혹은 수적 우위 상황을 만들어내는 능력 • 동료 센터백이 볼 클리어링 시 볼을 받을 수 있는 위치 선정

3) 트레이닝 프로그램

(1) 집중 슈팅 훈련

빠르고 강력한 마무리 슈팅 훈련으로, 여러 가지 형태로 선수들에게 쉽게 적용할 수 있다. 스피드와 민첩성을 훈련할 수 있을 뿐 아니라, 경기 중 요구되는 고강도의 체력적 요인을 훈련할 수 있다. 훈련을 위해서는 30m 간격으로 떨어진 두 개의 골대가 필요하고 두 명의 공격수, 두 명의 서버(패스를 전달해 주는 선수), 두 개의 마네킹 그리고 볼이 필요하다. 코치의 신호에 따라 양 골대를 향하고 있는 두 명의 공격수는 동시에 각각의 골대를 향해 출발한다. 공격수들은 각각의 서버 선수로부터 마네킹을 가로질러 볼을 받고 바로 골대를 향해 슈팅한다. 슈팅을 시도한 직후 A·B 선수는 다시 본래 포지션으로 복귀하고, 선수들이 도착하는 대로 서버는 다시 볼을 전달한다. 이 훈련을 2분간 고강도로 계속 진행한다(그림 2-57).

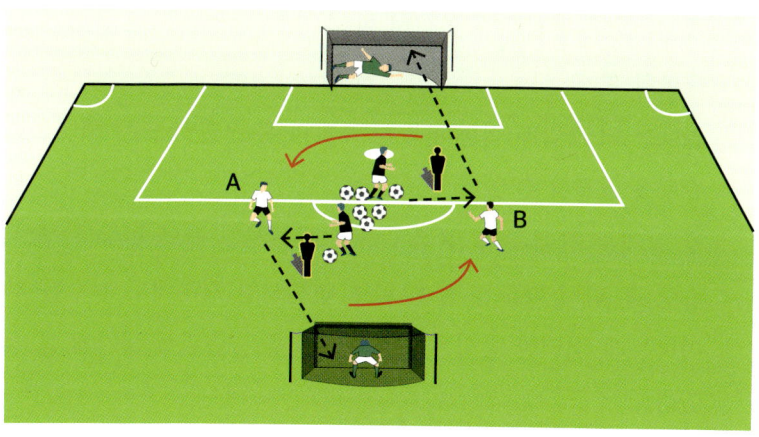

그림 2-57 중앙 공격수의 집중 슈팅 훈련

코칭 포인트
- 많은 슈팅과 스프린트 동작으로 인해 고강도로 진행되지만, 선수들의 피로가 누적될수록 기술적인 면이 더 중요하게 강조되어야 한다. 골을 놓친 횟수를 산출하여 선수들의 상태를 측정할 수 있다.
- 이와 유사한 종류의 훈련을 할 때의 리듬을 능숙하게 익힌 공격수들은 일반적으로 본 훈련을 잘 수행한다. 같은 기술을 반복적으로 수행해야 하고, 동시에 훈련에 따라 누적되는 피로와 패턴의 압박을 이겨내야만 한다. 이 두 가지를 동시에 극복해 내는 것이 최상의 시나리오이다.

양발 훈련과 발리, 헤딩 등 다양한 슈팅 훈련을 시도할 수 있다.
- 각 세트를 수행한 후, 마네킹의 위치를 바꾸고 선수는 반대편 왼쪽에서 다시 훈련을 진행한다.
- 서버의 위치를 변화시킴으로써 슈팅을 시도하는 각도에 변화를 줄 수 있다. 공격수가 열심히 할 수 있도록 계속해서 변화를 시도한다.
- 골대를 더 가깝게 이동하고 하프 발리 혹은 발리 또는 헤딩으로 슈팅을 연결할 수 있다.
- 두 공격수 간에 경쟁을 유도하고 성공시킨 골의 횟수를 센다. 슈팅 후 다시 나오는 볼을 골로 연결시킬 경우에도 점수를 부여하는데, 이러한 방식은 공격수에게 좋은 습관이 생기게 할 수 있다.

(2) 드리블 & 퍼스트 터치 슈팅 훈련

경기 수준이 높아질수록 슈팅 기회는 점점 더 줄어들게 되고 경기 중 볼을 컨트롤해 슈팅을 시도하는 데 허용되는 시간은 아주 짧다. 이를 극복하기 위해서 선수들은 기회가 왔을 때 빠르게 슈팅을 할 수 있는 능력을 길러야 하고, 빠른 속도로 유효 슈팅을 할 수 있어야 한다. 공격 1/3 지역을 사용하고 골대는 30m의 간격을 둔다. 최소 6명의 선수가 필요하고 2명의 골키퍼와 2개의 마네킹, 그리고 볼이 있어야 한다. 총 3세트를 훈련하고 각 세트는 3분간 진행한다.

세트 1

A 선수와 B 선수는 동시에 마네킹을 향해 곧장 드리블해서 나아간다. 선수들은 마네킹에 근접했을 때, 드리블로 마네킹을 제치고 골대를 향해 슈팅을 시도한다. 슈팅 후에 볼을 다시 잡아 반대편 줄에 합류한다(그림 2-58).

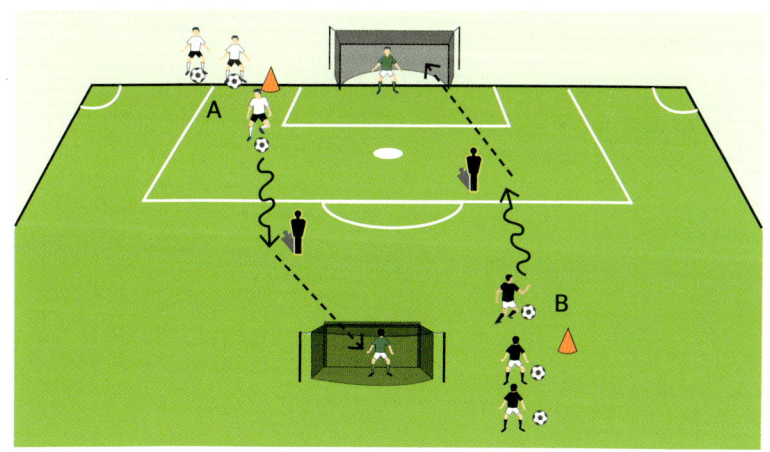

그림 2-58 중앙 공격수의 드리블 & 슈팅 훈련 1

세트 2

세트 1과 비슷하지만, 이번 세트에서는 양 선수가 마네킹의 오른편 방향으로 드리블해서 나아가고 마네킹을 돌아서 출발한 방향에 위치한 골대를 향해 슈팅을 시도한다. 슈팅 후에 볼을 다시 취하고 출발선에 선다(그림 2-59).

그림 2-59 중앙 공격수의 드리블 & 슈팅 훈련 2

세트 3

각자의 위치에서 1번 선수는 볼 없이 마네킹 뒤쪽으로 출발한다. 2번 선수로부터 볼을 전달받아 1번 선수는 한 번의 볼 터치로 방향을 전환하고 슈팅을 시도한다. 슈팅 후에 패스를 연결한 2번 선수는 슈팅을 시도하는 1번 선수가 된다(그림 2-60).

그림 2-60 중앙 공격수의 드리블 & 퍼스트 터치 슈팅 훈련

코칭 포인트
- 선수들이 모든 동작을 최대 스피드로 수행하도록 독려한다.
- 슈팅을 시도할 때 기본에 충실해야 한다. 항상 목표를 향해 슈팅 하고 골키퍼가 움직이도록 한다.
- 선수들이 지나치게 골대에 가까운 위치에서 슈팅하지 않도록 한다.
- 본인의 슈팅을 끝까지 주시하고 세컨드 볼까지 생각하며 움직인다.

팀으로 득점 경쟁을 유도하거나 다양하게 진행할 수 있다.
- 세트별로 팀을 나누어 경쟁을 유도한다.
- 반대편 왼쪽에서도 훈련한다.
- 여러 방법을 추가하여 다양한 훈련을 진행할 수 있다. 예를 들면 볼을 공중으로 전달할 수도 있고, 서버 선수와 슈팅을 시도하는 선수 사이에 볼을 주고받으며 플레이할 수 있으며, 서버 역할을 하는 선수가 수비수로서 플레이할 수도 있다.

(3) 1대1 드리블 돌파 & 슈팅 훈련

1대1 경쟁이 동반된 훈련으로, 공격수는 정해진 시간 안에 수비수를 드리블로 제치고 슈팅한다. 이때 역할의 전환이 일어나는데 공격수는 공격하는 선수가 되기도 하고 수비수가 되기도 하며, 최종적으로 다시 공격하는 역할을 수행하게 된다. 훈련을 위해서는 최소 6명의 선수가 필요하며 2명의 골키퍼, 두 개의 이동 가능한 골대와 볼들이 필요하다. 볼을 가진 A 선수가 공격수의 역할을 수행하는 것으로 시작되고 B 선수는 수비수로 플레이한다. A 선수는 골을 넣기 전에 반드시 B 선수를 제쳐야만 한다(그림 2-61).

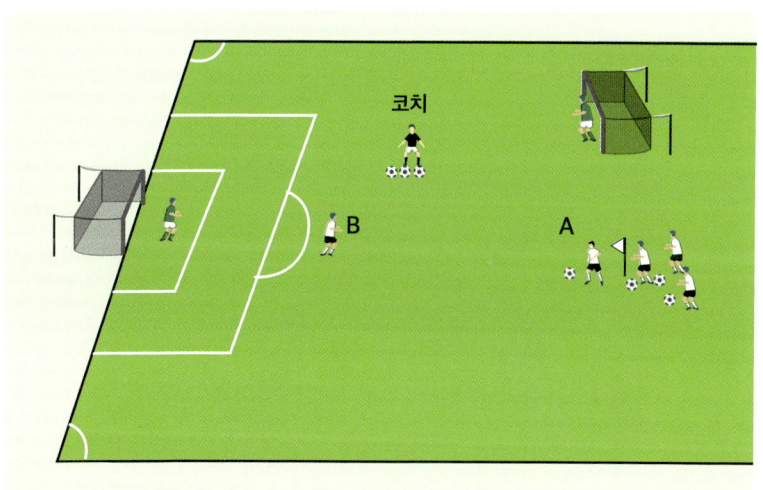

그림 2-61 중앙 공격수의 1대1 드리블 돌파 & 슈팅 훈련 1

A 선수가 슈팅을 시도하거나, 혹은 B 선수가 볼을 터치하게 되는 즉시 훈련 세션을 종료하고 코치는 반대편으로 볼을 전달한다. 수비를 하는 B 선수는 신속하게 공격수 모드로 전환하고 볼을 향해 스프린트 동작으로 달려가 반대편 골대를 향해 슈팅을 시도한다. 만약 코치로부터 전달된 볼이 도중에 멈추게 된다면 슈팅 횟수는 기록하지 않는다. 이후 A 선수는 수비수가 되고 볼을 가진 다음 선수가 공격수로 참여하여 훈련을 지속한다(그림 2-62).

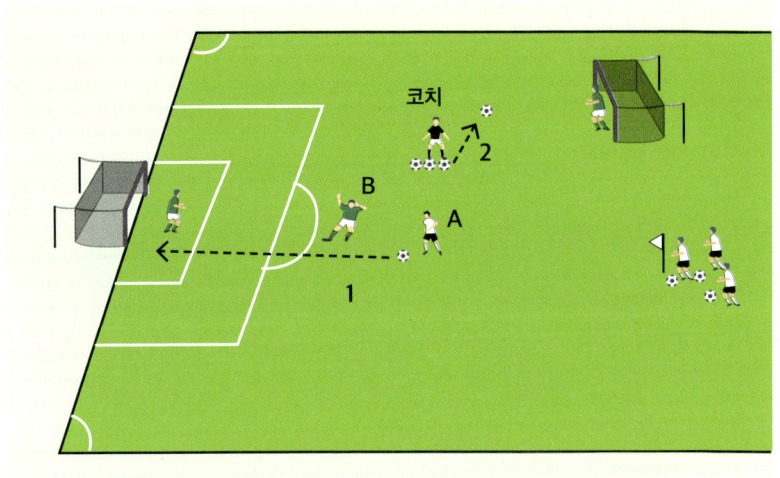

그림 2-62 중앙 공격수의 1대1 드리블 돌파 & 슈팅 훈련 2

코칭 포인트
- 1대1 상황에서 공격수가 빠르게 스피드와 방향을 전환하며 플레이할 수 있도록 독려한다.
- 수비수가 공격으로 전환하는 중에 빠르게 공격에 집중할 수 있도록 선수들을 독려한다.
- 피로가 쌓일수록 기술적인 부분을 강조하고, 항상 세컨드 볼에 집중하도록 한다.

드리블 돌파 시간을 제한하거나 다양한 형태로 진행할 수 있다.
- 5분간 플레이하여 득점으로 승자를 결정하여 경쟁을 유도할 수 있다.
- 1대1 상황에서 시간 제한을 두어 선수들이 더 활발하게 참여하도록 한다. 이를 통해 훈련 강도가 세지고 체력 소모도 커질 수 있다.
- 코치는 볼을 공중으로 전달하고 1대1 상황에 있는 수비 선수가 곧바로 공격 선수에게 접근한다.

(4) 스프린트 & 슈팅 훈련

우리 모두 20여 명의 선수가 줄을 서서 코치에게 패스하고 다시 받아 슈팅을 시도하는 형식의 슈팅 훈련에 익숙하다. 안타깝게도 이러한 형식의 훈련은 효과가 크지 않다. 공격수들이 슈팅을 하기 위해 15m 이상을 직선으로 뛰는 경우가 드물고, 중앙에서 수비수 없는 상황에서 슈팅할 기회도 많지 않다. 프로 수준에서는 대부분의 골이 빠른 반응 시간과 다이내믹한 움직임, 고강도의 스프린트 결과로 나타난다. 엘리트 수준의 선수로 성장하기 위해서는 골대 앞에서의 시간과 공간을 활용하는 능력이 절대적으로 필요하다.

운동장의 1/3을 사용하고 두 개의 골대가 필요하며, 그중 하나는 정해진 위치에 놓고 다른 하나는 개방된 공간에 배치한다. 이외에 두 개의 마네킹과 세 개의 폴이 필요하다. 선수들은 각자 훈련하고 총 두 파트로 나누어서 훈련을 실시한다.

첫 번째 파트는 코치의 신호에 따라 1번 선수는 스프린트 동작으로 빠르게 뛰어나가 A·B·C 폴을 차례로 터치한다. C 폴을 터치한 후에는 돌아서서 골대를 향해 달려가며 1번 서버 선수로부터 패스된 볼을 마네킹 앞에서 컨트롤한다. 공격수는 마네킹을 제치고 슈팅을 시도하기 위해 단 한 번의 터치만 허용된다(그림 2-63).

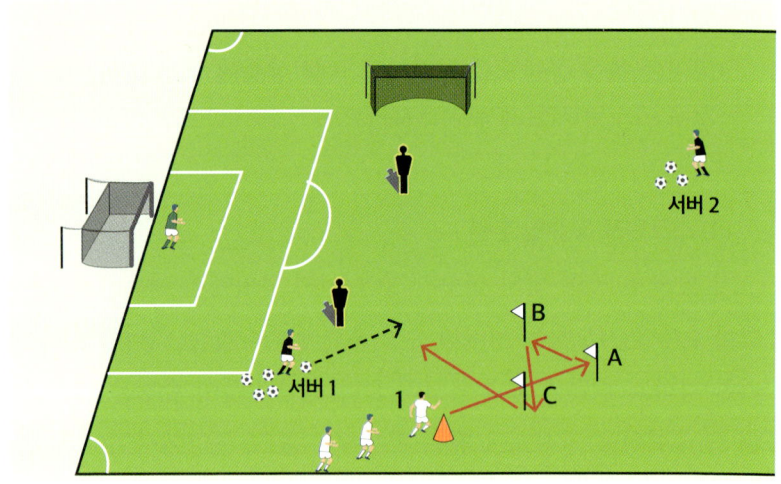

그림 2-63 중앙 공격수의 스프린트 & 슈팅 훈련 1

두 번째 파트는 스프린트 훈련과 슈팅 훈련을 병행한다. 공격수가 골대에 슈팅을 시도하자마자, 5초 이내에 2번 서버 선수가 페널티 박스를 가로질러 패스한 볼을 받기 위해 다음 골대를 향해 최대 속도로 달려간다. 세트를 마친 후 공격수는 조깅을 해서 원래 자리로 돌아가서 다음 선수가 수행할 때까지 휴식을 취하며 대기한다 (그림 2-64).

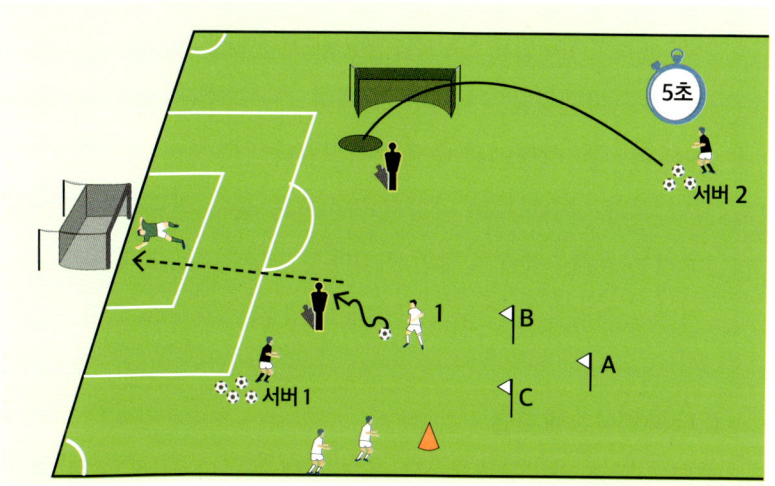

그림 2-64 중앙 공격수의 스프린트 & 슈팅 훈련 2

코칭 포인트

- 민첩성이 요구되는 첫 단계에서는 빠른 움직임과 날카로운 터닝 동작에 집중한다.

- 1번 서버 선수로부터 패스를 받은 뒤 퍼스트 터치는 볼을 한 번에 컨트롤하여 마네킹을 제칠 수 있어야 하고, 바로 슈팅으로 연결할 수 있도록 적절하게 컨트롤한다. 볼 터치로 공격수가 자신의 나아갈 방향을 확보하고 강력한 슈팅을 시도할 수 있는 공간을 만들 수 있어야 한다.
- 슈팅 후 제자리에 서 있어서는 안 되고 부지런히 움직이며 2번 서버 선수로부터 오는 크로스를 마무리한다.

수비수를 배치하여 실제 상황처럼 경쟁적으로 훈련할 수 있다.
- 첫 번째 마네킹을 수비수로 교체하고 공격수는 이때부터 수비수와의 1대1 상황에서 슈팅을 시도한다.
- 2번 서버 선수로부터 다양한 방식으로 볼이 전달되도록 한다. 코치는 공격수에게 다양한 거리에서 슈팅을 시도하도록 독려하거나 골키퍼를 둘 수도 있고 1대1 상황을 만들 수도 있다.

(5) 3회 연속 슈팅 훈련

페널티 박스 바깥쪽에서 실시하고 골대 하나와 서버 두 명, 골키퍼 한 명, 그리고 마네킹이 필요하며, 볼을 공급해 줄 장소 세 곳을 지정한다. 각각의 선수들은 세트당 세 가지 형태의 골 마무리를 해야만 한다.

다음 〈그림 2-65〉에서 검정색 상의를 입은 선수는 정해진 시간에 볼을 소유한 상태에서 훈련을 시작한다. 코치의 신호에 따라 선수들은 마네킹을 향해 달려나가고 다양한 개인 동작을 취한 뒤 슈팅을 시도한다. 슈팅을 시도한 뒤 바로 골대를 향해 스프린트로 달려가고, 2번 서버는 공격수가 골대 근처에서 골 마무리를 할 수 있도록 볼을 패스해 준다.

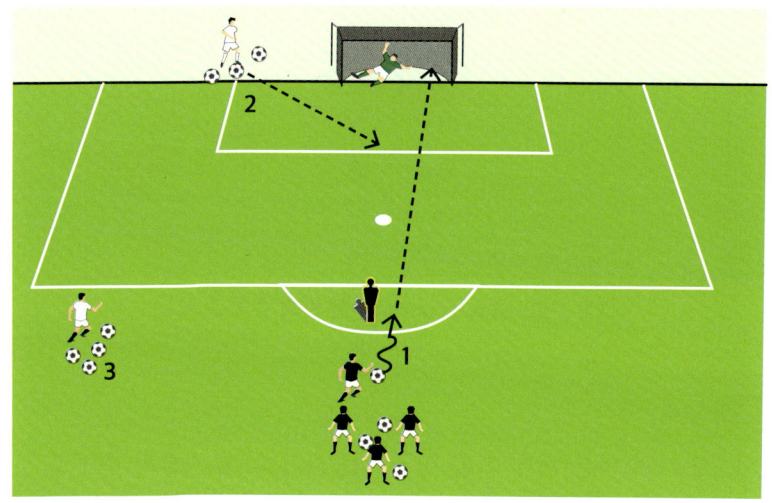

그림 2-65 중앙 공격수의 3회 연속 슈팅 훈련 1

　가까운 거리에서 골을 마무리하고 곧이어 다시 마네킹 오른쪽 위치로 복귀한다. 이때 3번 서버는 페널티 박스 외곽에서 대각선 방향으로 패스를 건네고, 공격수는 이를 받아 한 번의 볼 터치 후에 슈팅을 시도한다. 세 번째 마무리가 끝난 뒤 공격수는 시작 지점으로 복귀하여 다음 선수가 훈련하는 동안 대기한다(그림 2-66).

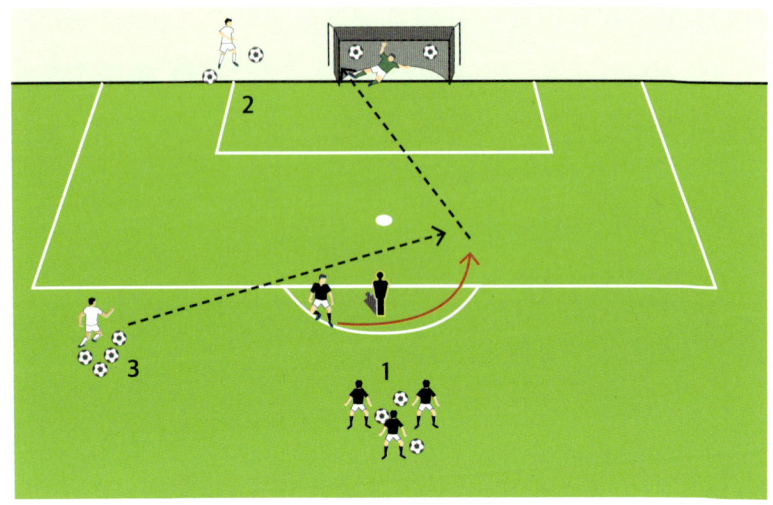

그림 2-66 중앙 공격수의 3회 연속 슈팅 훈련 2

코칭 포인트

- 세 가지 다른 형태의 골 마무리는 각각 다른 기술적 측면과 정신적 측면의 능력이 요구된다. 이 세 곳은 골을 넣기 위해 공격수가 결단을 내려야 하는 위치이다. 예를 들면, 처음 슈팅에서는 강한 파워가 필요하지만 다음 두 번의 마무리는 그렇지 않다.
- 두 번째와 세 번째 마무리 동작에서는 기술 발휘와 움직임이 중요하다. 그리고 집중해서 반드시 득점으로 연결해야 한다는 것을 강조한다.
- 서버 선수가 빠르게 플레이하고 공격수에게 어려운 패스를 연결하도록 한다. 만약 공격수가 가까운 거리에서 계속해서 골을 성공시킨다면, 더욱 어려운 패스를 연결하도록 지시한다.

- 두 번째와 세 번째 마무리 훈련에서는 각도 역시 매우 중요하다. 지나치게 직선이거나 각도가 넓다면 패스 형태와 무관하게 공격수가 마무리하기 어려울 것이다.

제한 시간을 설정하거나 수비수를 배치할 수 있다.
- 시간을 설정하여 선수가 세 가지 형태의 마무리를 모두 정해진 시간 안에 수행하도록 난이도를 높일 수 있다.
- 수비수를 배치하여 공격수가 세 번의 슈팅을 할 때 모두 수비하게 하고 공격수가 1대1 상황에 도전하도록 독려한다.

(6) 스피드 + 슈팅 훈련

골대 앞에서 성공적인 골의 마무리를 위해 좋은 습관을 기르고 기술을 단련하는 것은 매우 중요하다. 또한 팀의 공격수가 경기의 마지막 순간까지 경기 초반의 집중력을 잃지 않고 플레이하길 원한다면, 체력을 향상시킬 수 있는 훈련을 하는 것 또한 매우 중요하다.

이 훈련은 복합적인 훈련으로, 다양한 거리에서 슈팅, 골키퍼와 1대1 상황에서의 마무리, 드리블 이후 슈팅과 같은 훈련을 종합적으로 수행한다.

스피드와 슈팅 훈련을 위해서 장소 세 곳을 지정한다. 공격수는 계속해서 스프린트 또는 러닝을 한다. 골대 세 개와 볼, 그리고 폴, 서버, 골키퍼가 필요하다. 골대로부터의 거리는 선수의 기술 수준에 따라 변화를 줄 수 있으며, 체력적 부하는 코치가 원하는 수준으로 진행할 수 있다.

폴 A에서 시작하며 공격수는 이곳에서 볼을 받아 서버와 함께 빠르게 볼을 주고받으며 1번 골대를 향해 다양한 거리에서 슈팅을 시도한다. 슈팅 후, 곧바로 공격수는 폴 B를 향해 스프린트로 달려나가 볼을 받고 빠르게 2번 골대를 향해 달려나간다. 여기서 골키퍼와 1대 1 상황을 통해 골을 마무리한다. 슈팅 후 곧장 폴 C를 향해 스프린트로 달려가 볼을 받고 드리블을 통해 3번 골대에 슈팅을 시도한다. 슈팅 후, 선수는 골대 주변을 천천히 달려서 폴 A로 복귀한다(그림 2-67).

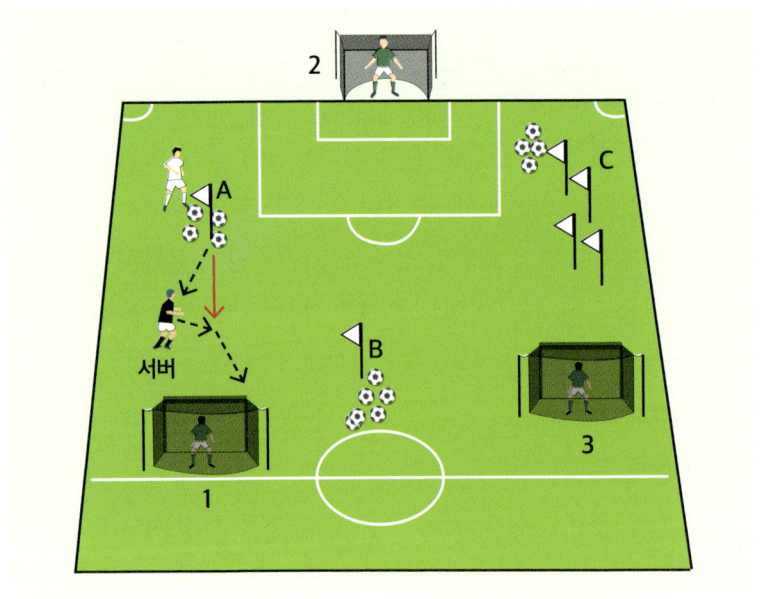

그림 2-67 중앙 공격수의 스피드 + 슈팅 훈련

코칭 포인트

- 코치는 슈팅 후 다음 폴로 이동하는 동안 계속해서 스프린트로 이동할지와 마지막 마무리 후 조깅을 하며 시작점으로 복귀할지를 정해야 한다. 실제 슈팅을 시도하는 동안에 체력적 부하를 느낄 수 있도록 한다.
- 만약 공격수가 첫 번째 시도에서 지나치게 의욕이 넘쳐서 볼을 골대 위로 날려 버린다면, 처음부터 다시 시작하도록 지시한다. 훈련의 기준을 높여야 한다. 항상 정확하게 골대를 향해 슈팅을 시도해야 한다.

다양한 형태로 훈련에 변화를 주고 난이도를 높일 수 있다.

- 서버와 함께 플레이할 때 각도의 변화를 준다. 코치는 선수로 하여금 왼발을 사용하게 하거나 발리를 시도하도록 지시하기도 하고, 볼을 받은 후 턴 동작을 하여 슈팅을 시도하라고 지시하기도 한다.
- 공격수가 세 가지 훈련을 모두 마치는 데 시간 제한을 둘 수 있다.
- 폴 C 영역에서 폴을 멀리 이동시키고 수비수를 추가한다. 이제 공격수는 반드시 수비수를 제친 후에 슈팅을 시도해야 한다. 여기에 공격수를 한 명 더 추가하여 2대1 상황에서 공격하도록 변형할 수도 있다.

(7) 2인 1조 슈팅 훈련

중앙 공격수가 한 쌍을 이루어 플레이하는 전통적인 전술은 현대의 축구에서 활용되는 경우가 드물지만 골을 마무리하는 훈련으로 활용할 수 있는 전술이다. 선수들이 합동하여 플레이하는 훈련은 공간 창출에 대한 이해를 높일 수 있고, 다양한 각도에서 서로를 지원하는 위치 선정을 배울 수 있다는 장점이 있다.

이때 반드시 반대편 공간에서도 훈련을 실시해 주는 것이 중요하다. 그렇지 않으면 선수들은 늘 본인이 선호하는 방향에서 우선적으로 플레이하게 된다. 이 훈련에서 두 명의 중앙 공격수는 협력 플레이를 하며 세 가지 형태의 마무리를 훈련한다. 첫째, 중앙 지역을 향해서 넘어오는 볼, 둘째, 넓은 공간으로부터 크로스되어 오는 볼, 셋째, 넓은 지역으로부터 풀백에게 오는 볼의 마무리 훈련이다. 훈련은 경기장의 1/3을 사용하고 두 개의 골대, 네 명의 공격수, 두 명의 골키퍼, 두 개의 마네킹과 볼이 필요하다.

흰색 상의를 착용한 두 명의 공격수(선수 1, 2)는 정면의 골대를 향해 훈련을 시작한다. 1번 선수가 골대를 향해 대각선 방향으로 드리블을 하여 출발하고, 2번 선수는 최대 스피드로 1번 선수와 오버랩되도록 대각선 방향으로 달려나간다. 1번 선수는 적절한 타이밍에 두 개의 마네킹 사이로 볼을 패스하여 달려오던 2번 선수가 볼을 받아 골을 마무리할 수 있도록 한다. 1번 선수는 계속해서 골대를 향해 달려가서 골대나 골키퍼에게 막혀 다시 나온 세컨드 볼을 마무리한다(그림 2-68).

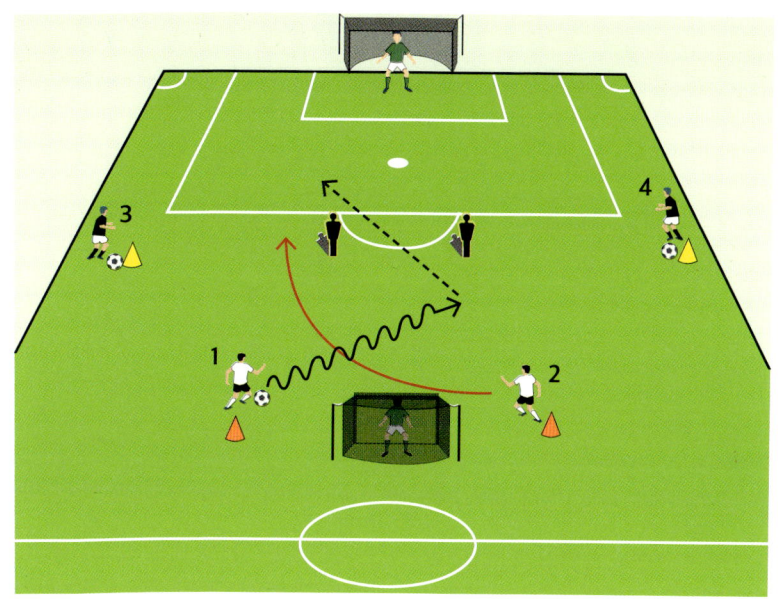

그림 2-68 중앙 공격수의 2인 1조 슈팅 훈련 1

첫 번째 마무리를 끝낸 직후, 1·2번 선수는 뒤쪽 골대를 향해 돌아서서 스프린트로 복귀한다. 중간 지점을 지날 때, 3번 선수는 터치라인을 향해 최대 스피드로 드리블하며 달려나간다. 3번 선수가 1·2번 선수가 근거리에서 마무리할 수 있도록 골대 가까이 크로스를 연결한다(그림 2-69).

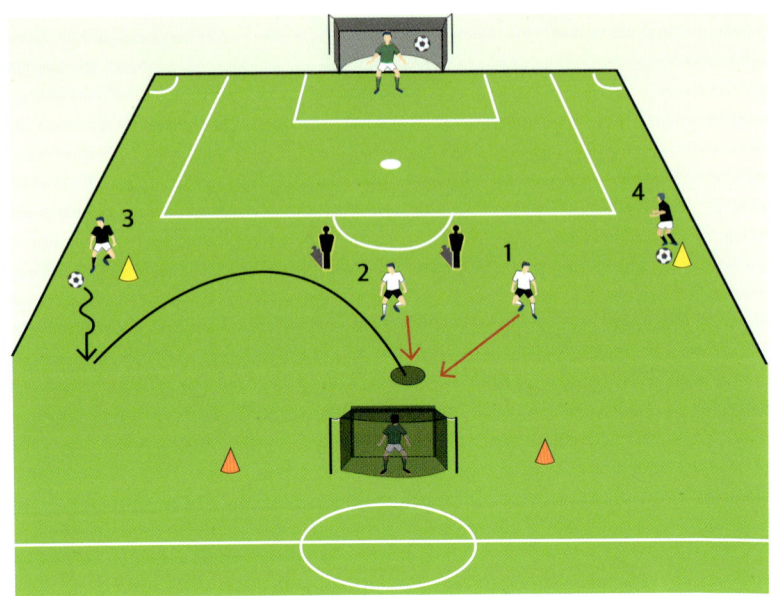

그림 2-69 중앙 공격수의 2인 1조 슈팅 훈련 2

　골을 마무리하는 즉시, 1·2번 선수는 돌아서서 다시 정면의 골대를 향해 달려나간다. 5초 후, 4번 선수는 페널티 박스의 가장자리로부터 터치라인을 향해 드리블하며 나아간다. 4번 선수는 터치라인에 이르렀을 때 다시 볼을 페널티 공간으로 질주해서 달려오고 있는 1·2번 선수에게 패스하여 마무리할 수 있도록 한다. 볼이 오는 지점을 향해 더 먼저 도달하는 선수가 슈팅을 시도한다(그림 2-70).

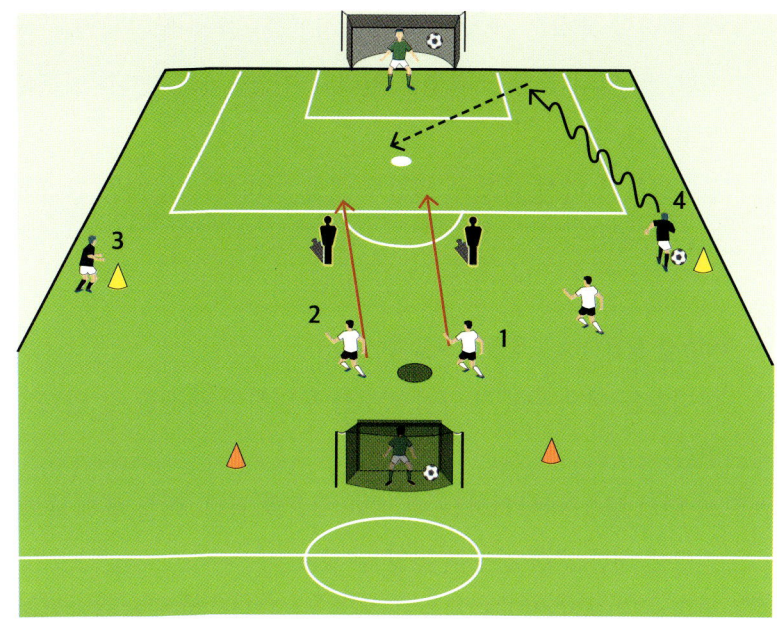

그림 2-70 중앙 공격수의 2인 1조 슈팅 훈련 3

코칭 포인트

- 1·2번 선수의 움직임 상태와 스피드가 가장 중요하다. 수비수가 없는 상황에서 최대 스피드로 훈련을 실시한다.
- 크로스로 전달되는 패스의 질이 매우 중요하다. 측면으로부터 오는 패스가 좋지 않다면 공격수들은 골 마무리에 어려움을 겪게 된다.

- 이 훈련의 목적은 세 번의 시도에서 모두 골을 성공시키는 것이다. 두 명의 중앙 공격수가 이러한 수준에 도달할 수 있도록 독려한다.
- 골대로부터 다시 나오는 세컨드 볼을 처리하는 문제를 간과해서는 안 된다.

수비수를 활용하여 경쟁을 유도할 수 있다.
- 마네킹을 빼고 두세 명의 수비수를 투입하여 경쟁할 수 있도록 한다.
- 세 번의 골을 마무리하는 데 제한 시간을 둔다. 이를 통해 공격수들에 대한 훈련 강도를 높일 수 있다.
- 측면에서 플레이하는 선수가 볼을 터치하는 횟수를 제한하면 크로스가 더 빠르게 전달되고, 궁극적으로 훈련의 템포를 끌어올릴 수 있다.

참고문헌

김용진·주세형·김형석·이용수·최대혁·홍성찬·정성훈·윤영길·김영석·정기동·김명환 (2016). 『12가지 코드로 읽는 대한민국 축구』, 나무와숲.

배태한 (2020). 웨스트햄 – player outcomes final 자료, 미간행 출판물.

이용수·김용래 (2015). 「영상분석을 통한 축구 국가대표 선수와 K-리그 선수의 경기 중 포지션별 이동거리 및 활동 형태 분석」, 『한국축구과학회지』 4: 29-38.

Abbott, W., Brickley, G., & Smeeton, N. (2018). "Positional differences in GPS outputs and perceived exertion during soccer training games and competition," *The Journal of Strength & Conditioning Research*, 32(11): 3222-3231.

Benjamin, C., Hosokawa, Y., Curtis, M., Schaefer, D., Bergin, R., Abegg, M., & Casa, D. (2020). "Environmental conditions, preseason fitness levels, and game workload: Analysis of female NCAA DI national championship soccer season," *The Journal of Strength & Conditioning Research*, 34(4): 988-994.

Bloomfield, J., Polman, R., & O'donoghue, P. (2007). "Physical demands of different positions in FA Premier League soccer," *Journal of Sports Science and Medicine*, 6: 63-70.

Bradley, P., Carling, C., Gomez, A., Hood, P., Bames, C., Ade, J., Boddy, M., Krustrup, P., & Mohr, M. (2013). "Match performance and physical capacity of players in the top three competitive standards of English professional soccer," *Human Movement Science*, 32: 808-821.

Bradley, P., Di Mascio, M., Peart, D., Olsen, P., & Sheldon, B. (2010). "High-intensity activity profiles of elite soccer players at different performance levels," *The Journal of Strength & Conditioning Research*, 24: 2343-2351.

Bradley, P., Sheldon, W., Wooster, B., Olsen, P., Boanas, P., & Krustrup, P. (2009). "High-intensity running in English FA Premier League soccer matches," *Journal of Sports Sciences*, 27: 159-168.

Bush, M., Barnes, C., Archer, T., Hogg, B., & Bradley, PS. (2015). "Evolution of match performance parameters for various playing positions in the English professional soccer," *Human Movement Science*, 39: 1-11.

Castellano, J., Casamichana, D., & Dellal, A. (2013). "Influence of game format and number of players on heart rate responses and physical demands in small-sided soccer games," *The Journal of Strength & Conditioning Research*, 27: 1295-1303.

Curneen, G. (2015). *The modern soccer coach: Position-specific training*, Stafforrdshire, USA: Bennion Kearny Limited.

Da Silva, D., Impellizzeri, M., Natali, J., De Lima, P., Bara-Filho, G., Silami-Garcia, E., & Marins, B. (2011). "Exercise intensity and technical demands of small-sided games in young brazilian soccer players: Effect of number of players, maturation and reliability," *The Journal of Strength & Conditioning Research*, 25: 2746-2751.

Dellal, A., Chamari, K., Wong, P., Ahmaidi, S., Keller, D., Barros, R., Bisciotti, N., & Carling, C. (2011). "Comparison of physical and technical performance in european soccer match-play: FA Premier League and La Liga," *European Journal of Sport Science*, 11: 51-59.

Dellal, A., Owen, A., Wong, DP., Krustrup, P., van Exsel, M., & Mallo, J. (2012). "Technical and physical demands of small vs. large sided games in relation to playing position in elite soccer," *Human Movement Science*, 31: 957-969.

Gabbett, T., Kennelly, S., Sheehan, J., Hawkins, R., Milsom, J., King, E., Whitely, R. & Ekstrand, J. (2016). "If overuse injury is a "training load error," should undertraining be viewed in the same way?," *British Journal of Sports Medicine*, 50: 1017–1018.

Halouani, J., Chtourou, H., Gabbett, T., Chaouachi, A. & Chamari, K. (2014). "Small-sided games in team sports training: A brief review," *The Journal of Strength & Conditioning Research*, 28: 3594–3618.

Hasic, M. (2019). *The ultimate guide to soccer positions*, Coppell, TX. USA.

Hill-Haas, V., Coutts, J., Rowsell, J., & Dawson, T. (2009). "Generic versus small-sided game training in soccer," *International Journal of Sports Medicine*, 30: 636–642.

Hodgson, C., Akenhead, R., & Thomas, K. (2014). "Time-motion analysis of acceleration demands of 4v4 small-sided games played on different pitch sizes," *Human Movement Science*, 33: 25–32.

Hughes, M., Caudrelier, T., James, N., Redwood-Brown, A., Donnelly, I., Kirkbride, A., Duschesne, C. (2012). "Moneyball and soccer – an analysis of the key performance indicators of elite male soccer players by position," *Journal of Human Sport and Exercise*, 7(2): 402–412.

Hughes, M. & Probert, G. (2006). "A technical analysis of elite male soccer players by position and success," In H. Dancs, M. Hughes, P. O'donoghue (eds.), *Notational Analysis of Sport – VII*: 76-91, Cardiff: UWIC.

Ingebrigtsen, J., Dalen, T., Hjelde, H., Drust, B., & Wisloff, U. (2015). "Acceleration and sprint profiles of a professional football team in match play," *European Journal of Sport Science*, 15: 101–110.

Joseph, D. (2019). *Soccer positions: a step-by-step guide about each player on a team*, TX, USA: Coppell.

Lewis, M. (2003). *Moneyball: The Art of Winning an Unfair Game*, USA: W. W. Norton & Co.

McFadden, A., Walker, A., Bozzini, B., Sanders, D., & Arent, S. (2020). "Comparison of internal and external training loads in male and female collegiate soccer players during practices vs games," *The Journal of Strength & Conditioning Research*, 34(4): 969-974.

O'Donoghue, P., Rudkin, S., Bloomfield, J., Powell, S., Cairns, G., Dunkerley, A., Davey, P., Probert, G., & Bowater, J. (2005). "Repeated work activity in English FA Premier League soccer," *International Journal of Performance Analysis in Sport*, 5: 46-57.

Owen, L., Wong, P., Paul, D., & Dellal, D. (2014). "Physical and technical comparisons between various-sided games within professional soccer," *International Journal of Sports Medicine*, 35: 286-292.

Walker, G., & Hawkins, R. (2018). Structuring a program in elite professional soccer," *Strength and Conditioning Journal*, 40(3): 72-82.

Williams, J. (2009). "An investigation into operational definitions used within performance analysis," Presentation at the International Workshop in Performance Analysis, Lincoln.